안전경영,
1%의 실수는
100%의 실패다

안전경영, 1%의 실수는 100%의 실패다

초판 1쇄 인쇄 | 2015년 12월 24일
초판 1쇄 발행 | 2015년 12월 29일
초판 2쇄 발행 | 2016년 1월 19일
초판 3쇄 발행 | 2016년 11월 9일
초판 4쇄 발행 | 2022년 1월 21일

지은이 | 이양수
펴낸이 | 황보태수
기획 | 박금희
마케팅 | 박건원
디자인 | 정의도
교열 | 양은희
인쇄 | 한영문화사
제본 | 한영제책

펴낸곳 | 이다미디어
주소 | 서울시 마포구 양화진4길 6번지(합정동 378-34, 2층)
전화 | (02)-3142-9612, 9623
팩스 | (02)-3142-9629
이메일 | idamedia77@hanmail.net

ISBN 978-89-94597-55-3   03320

위대한 기업을 만드는 안전경영 365일

안전경영,
1%의 실수는
100%의 실패다

· 이양수 지음 ·

SAFETY MANAGEMENT

이다미디어

안전을 위해서 무엇을 해야 하는가?

회사의 안전, 보건, 환경을 글로벌 기업 수준으로 향상

생산 현장을 책임지는 사람들은 언제나 걱정이 많습니다. 그것도 위험물을 취급하는 석유화학공장은 화재와 폭발사고의 위험이 항상 도사리고 있기 때문에 밤낮없이 노심초사하게 되지요. 지난 30년간 석유화학공장의 생산 현장에서 근무하는 동안 크고 작은 사고를 숱하게 겪으면서, 안전이 그 무엇보다 중요한 가치라고 생각해왔습니다. 그동안 안전과 관련된 교육을 수없이 받았고 또 직원 교육에도 관심을 가지고 투자를 아끼지 않았습니다. 그래도 매년 연초가 되면 올 한 해 회사의 안전을 위해서 내가 무엇을 해야 하는지 많이 고민하게 된답니다.

2011년 12월이 거의 끝나갈 무렵, 회사의 임원 인사가 발표되었습니다. 7년 차 상무였던 저는 인사 발표 내용을 보고 승진의 기쁨과 함께 실망과 우려감으로 희비가 교차되었습니다. 전무 승진자 명단에 들어 있는 내 이름을 보고 기뻐한 것도 잠시, 새로운 보직은 저를 당황하게 만들었습니다. 회사에서 새 조직으로 만든 SHE 본부의 본부장으로 발령이 난 것입니다. 게다가 그 조직은 CEO 직속 조직으로만 표기되었을 뿐, 무엇을 하는 조직인지 그리고 산하에는 어떤 조직이 있는지 전혀 알 길이 없었습니다. 인사 담당자는 당장 현재의 업무를 후임자에게 인계하고 서울 본사로 빨리 출근하라고 했습니다. SHE는 'Safety, Health, Environment'의 약자로 안전, 보건, 환경을 의미하는 것임을 알고는 마음이 더욱더 착잡해졌습니다.

1983년 20대 중반의 나이에 입사한 이래, 팀장 시절 잠깐 동안 본사에서 근무한 경험을 빼고는 줄곧 울산공장에서, 그것도 대부분의 기간을 생산기사, 생산팀장, 공장장, 생산본부장 등의 직책을 맡아 생산 현장을 떠난 적이 없었습니다. 그러나 안전, 보건, 환경에 관한 업무는 익숙한 듯하면서도 그 일을 전담한다고 생각하니 무척이나 낯설게 여겨졌고, 또 CEO 직속으로 본사에서 근무해야 한다는 사실은 혼란스럽기까지 했습니다. 왜냐하면 안전, 보건, 환경과 관련된 일은 현장을 책임지는 자리에 있는 사람이라면 한 순간도 소홀히 할 수 없는 중요한 일이지만, 그동안 한 번도 전문적으로 안전과 관련된 일을 해본 경험이 없었기 때문입니다. 사실 회사 내에는 안전, 환경, 보건에 관한 전문 인력과 조직이 각 사업장마다 이미 있었기 때문에 본사에 다시 조직을 만든다는 것은 새로운 시도였습니다. 그리고 그 조직의 첫 번째 책임자로 부임하게 됐다는 사실이 제게는 큰 부담이었습니다.

제게 주어진 임무는 회사의 안전, 보건, 환경의 수준을 최대한 빠른 시간 내 글로벌 기업 수준으로 향상시키는 것이었습니다. 그동안 우리 회사의 수준이 국내는 물론 외국의 기업과 견주어도 손색이 없다는 자부심(?)을 가지고 있었던 터라 큰 어려움은 없을 것이라고 생각했습니다. 그러나 안전 관련 업무를 시작한 이후 시간이 지날수록, 또 글로벌 기업에 대한 공부를 깊이 할수록 우리 회사에 무엇이 모자라는지에 대한 자각이 보다 또렷해졌습니다. 그동안 회사에서 일어났던 사고들을 되돌아보면서 각종 사고의 원인과 대치법을 구체적으로 점검하는 기회로 삼았습니다. 그리고 많은 국내외 전문가들을 만나 토론하고 의견을 나누면서, 안전을 위해 기업의 리더들이 해야 할 역할과 갖추어야 할 덕목을 체계적으로 정리할 수 있었습니다.

제 자신이 현장의 책임자로 근무했던 시절을 다시 한 번 돌아보니, 사고 예방을 위해서 많은 일을 했다고 생각했지만 체계적으로 무엇을 어떻게 해야 할지 몰랐다는 게 솔직한 고백입니다. 그래서 초대 SHE 본부장으로 일하는 과정에서 배우고 경험했던 일들을 기록으로 남겨야겠다는 결심을 하게 되었습니다. 안전한 사업장을 만들기 위해서 필요한 일이 무엇인지를 고민하고 배우는 과정에서 그때마다 느끼고 겪었던 일들을 일일이 정리해두었던 메모들이 이 책을 집필하는 데 많은 도움이 되었습니다.

2013년 다시 울산공장의 총책임자로 복귀하면서, 울산공장의 안전을 위하여 공장의 임원, 팀장들에게 안전에 관련된 에세이를 매주 한 편 써서 보내기로 결심하고 실행한 지 거의 2년이 지났습니다. 편지를 받은 분들이 다시 편지글을 다른 사람과 공유하면서 과분하게도 많은 사람들이 뜨거운 응원을 보내주었습니다. 책으로 만들어 더 많은 사람들이 보면 우리나라의 안전 수준을 향상시키는 데 도움이 될 것이라는 주위 분들의 요청과 격려를 받아 감히 출판을 결심하게 되었습니다. 편지글을 쓰는 동안 안전과 관련해서 현장 종사자들이 쉽게 읽고 이해할 수 있는 내용을 체계적으로 정리해보겠다는 과욕(?)이 작은 결실을 본 것 같아 큰 기쁨과 보람을 느낍니다.

안전을 위해서 가장 필요한 것은 무엇인가?

이 책은 안전을 생각하고 안전을 지켜야 한다고 생각하는 현장의 리더와 종사자들을 위해 만들었습니다. 전문적이고 학술적인 측면이 아니라 현장의 리더와 종사자들이 안전한 현장을 만들려면 무엇을 왜 해야 하는지에 초점을 맞추었습니다.

이 책은 4장으로 나뉘어 있습니다. 회사와 현장의 안전을 위해서 꼭 필요한 일이 무엇인지 그 순서에 따라 구분했습니다. 대부분의 사업장에서는 나름대로 안전을 위한 많은 제도를 갖추고 있지만 품질관리 기법에 활용되는 PDCA 사이클, 즉 계획(Plan), 실행(Do), 점검(Check), 평가(Action)에 따라 구분해보았습니다.

1장은 '안전을 위해서 가장 기본적으로 필요한 것이 무엇인가?'라는 질문에서 출발했습니다. 대부분의 안전 전문가들은 최우선적으로 안전에 관한 각 회사의 특성에 맞는 제도와 규정을 만드는 데 주력해야 한다고 합니다. 안전관리 시스템, 즉 제도와 규정이 왜 필요한지에 대한 내용을 중심으로 정리했습니다.

2장은 실행에 관한 내용입니다. '구슬이 서 말이라도 꿰어야 보배'라는 속담이 있듯이, 아무리 좋은 제도와 규정을 갖추더라도 실행되지 않는다면 무용지물입니다. 제도와 규정의 실행이 잘되는 것과 동시에 필요로 하는 것은 구성원의 역량입니다. 구성원의 역량 부족으로 인한 사고 사례는 헤아릴 수 없을 만큼 많습니다. 그리고 이런 사고들은 모두 구성원의 사고방식과 습관이 원인으로 발생하는데 이에 관한 내용을 담았습니다.

3장은 점검에 대한 이야기입니다. 안전사고를 예방하기 위해서는 시스템을 잘 만들고, 만들어진 시스템에 따라 잘 이행해야 하는 것이 소프트웨어라면, 현장을 잘 점검하여 사고가 일어날 수도 있는 부위를 사전적으로 보완하는 것, 즉 하드웨어적인 보완이 합쳐져야 합니다. 왜 점검이 중요한지에 대해서 알아보았습니다.

마지막 4장은 피드백에 관한 내용입니다. 사고가 발생한 후에는 대개 "안전불감증이다, 예고된 사고였다" 등 원인을 분석하고 개선 사항에 대해서 이야기하지만, 시간이 흐른 다음에 같은 유형의 사고가 반복되는 이유는 무엇일까요? 왜 유사한 사고가 끊이지 않고 일어나는지, 그리고 그 예방책은 무엇인지를 살펴보았습니다.

구미 불산 누출사고와 세월호 참사는 우리 사회의 안전불감증에 대해 큰 경종을 울렸습니다. 이후 수많은 원인 분석과 대책이 쏟아졌지만 유사한 사고가 근절되지 않고 있습니다. 사고를 근원적으로 차단하기 위해 우리는 무엇을 해야 하는지, 그리고 왜 그것을 해야 하는지에 대해 다시 한 번 기본부터 되돌아볼 필요가 있다고 생각합니다.

이 책에서 제안된 사고 예방을 위한 여러 가지 방안은 비록 저의 제한된 경험에 기초한 것이지만 현장의 리더와 종사자들이 안전을 위해서 무엇을 왜 하는지에 대해 이해의 수준을 높여주고, 우리 사회의 안전 수준을 조금이나마 향상시키는 데 도움을 준다면 더없는 보람으로 생각합니다.

또 한 해를 마무리하며
이양수

차례

2장 · 안전경영을 실행하라 · Do

4장 · 안전경영을 평가하라 · Action

PLAN

1장

안전경영을
계획하라

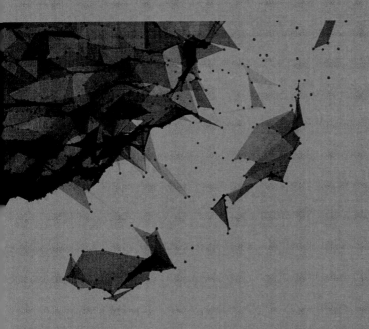

변화에 적응하는 종이
살아남는다

해상의 환경변화로 찢어진 수상호스에서 원유 유출

요즘은 그런 이야기를 별로 하지 않지만 예전에는 책임자가 바뀔 때마다 사고가 일어날 수 있다는 징크스를 믿는 사람들이 많았습니다. 그래서 임원이나 팀장 인사가 있을 때마다 노심초사한 적도 있었습니다. 실제로 책임자가 바뀌는 과정에서 생길 수도 있는 업무 공백으로 인해 예기치 않은 사고가 일어날 확률이 상당히 높습니다. 때문에 책임자의 인사이동이 있는 기간에는 업무의 인수인계를 철저히 하라는 당부는 지극히 당연한 일입니다.

2013년 11월 어느 일요일 새벽 3시경, 한잠에 빠져 있는데 휴대폰 벨소리가 크게 울렸습니다. 10월 1일부로 본사 SHE 본부장과 울산공장 부문장직을 겸직하게 되어 주로 울산에서 근무하다가 1주일에 한

번 정도 본사로 출근하여 일을 보던 시절이었습니다.

그날은 월요일 본사로 출근하기 위해 서울 집에 머물고 있을 때였습니다. 잠결에 일어나면서 왠지 불길한 예감이 들었고, 휴대폰을 보니 현장으로부터의 전화였습니다. 직감적으로 큰 사고라고 느끼며 전화를 받았는데, 아니나 다를까 원유 하역 중인 바다 위의 수상호스에서 기름이 새어 나오고 있다는 다급한 전언이었습니다. 잠이 확 달아나면서 어느 정도인지 물어보았더니, 기름이 계속 유출되고 있어 원유 하역은 중단했지만 새어 나오는 기름을 막을 방법이 없고 유출량도 제법 많다는 것이었습니다. 수상호스를 최대한 들어 올려 원유 유출량을 최소화하고, 이미 유출된 기름이 더 멀리 확산되지 않도록 최선을 다해 달라는 이야기밖에 할 수가 없었습니다. 빨리 날이 새기만 기다리는 동안 한잠도 자지 못한 채 현장과 전화 통화만 계속할 뿐이었습니다. 한밤중에 일어난 일이라 더 이상 어떻게 할 도리가 없어 마음은 새카맣게 타 들어갔습니다.

날이 밝자마자 기차를 타고 울산으로 내려와 현장에 도착했는데, 하늘이 도왔는지 기름 유출도 멈추었고 신속한 대응으로 기름이 주변 바닷가까지 번지지 않았습니다. 말 그대로 천우신조였습니다. 사고 수습에 잘 대처한 구성원들에게 한없는 감사의 마음이 드는 한편으로는 부문장이 바뀌면서 하는 신고식이 아닌가 하는 징크스가 떠올랐습니다. 어쨌건 큰 사고로 이어지지 않고 액땜할 수 있어 다행이라는 생각이 들었습니다.

원유가 누출된 곳은 여러 개로 연결된 수상호스 가운데 한 부분이었는데, 물 밖으로 건져내 확인하니 옆으로 완전히 찢어져 있었습니다.

수상호스는 문제가 생기면 파급 효과가 워낙 크기 때문에 주기적으로 점검하고 있었습니다. 그동안 수상호스가 저절로 찢어지는 사고가 없던 터라 왜 이런 일이 일어났는지 도무지 짐작이 가지 않았습니다. 사고 조사가 쉽지 않아 보였지만 사고의 중대성은 물론이고 특수한 장비에서 일어난 사고이기 때문에 사고조사위원회를 구성해 활동에 들어갔습니다. 외부 전문가까지 동원해 사고의 원인을 밝혀내기로 한 것입니다. 사고의 원인을 밝히는 데는 오랜 시간이 걸려 다음 해 9월 말이 되어서야 최종적으로 사고조사보고서가 나올 수 있었습니다.

여러 가지 요인이 있었지만 사고의 직접적인 요인은 해상의 환경 변화를 감지하지 못한 것이었습니다. 울산 앞바다에 신항만이 개발됨에 따라 새로운 방파제가 건설되면서, 수상호스를 포함한 원유하역시설을 원래 있던 곳에서 더 먼 곳으로 이설하게 되었습니다. 방파제 설치로 조류가 달라진 탓에 원유하역시설 주변의 조류도 예전보다 훨씬 빨라져, 원유하역이 없는 시간대에도 수상호스에 미치는 영향이 더 증가했습니다. 나중에 밝혀진 사실은 우리를 깜짝 놀라게 했습니다. 통계적으로 분석해 보니 새로 이설한 원유하역시설이 있는 지역의 해상 상태는 과거에 비해 훨씬 더 나쁜 것으로 나타났습니다. 뿐만 아니라 그동안 크게 중요하다고 생각하지 않았던 조그만 결함들이 과거에 비해 점점 늘어난 것으로 확인되었습니다. 원유하역시설을 이설한 지 몇 년이 되었지만 이번 사고가 발생할 때까지 바다의 환경이 그토록 크게 변화되었다는 사실을 인식하지 못하고 있었던 것입니다.

사고조사위원회는 수상호스 교체 시기를 현재 기준보다 대폭 줄이고, 호스의 결함을 조기에 감지할 수 있는 방안을 마련하자고 제안했습니다. 한마디로 환경이 변화하는 것을 아무도 감지하지 못하고, 과거에 관리하던 방식을 그대로 고수하다가 맞이한 비극이었습니다. 다행히 대형사고로 이어지지 않았고, 사고의 원인이 명확하게 밝혀진 것만으로도 큰 교훈을 남겼습니다.

얼어붙은 땅, 그린란드에서 사라진 바이킹족의 비극

베스트셀러 《총,균,쇠》로 퓰리처상을 받아 유명한 재레드 다이아몬드 교수의 역작 《문명의 붕괴》에는 얼어붙은 땅 그린란드에서 바이킹이 사라진 역사가 기술되어 있습니다. 노르웨이에서도 북쪽으로 2,000Km 이상 떨어진 그린란드에는 원주민인 이누이트족이 오래전부터 살고 있었습니다.

그런데 그린란드에는 바이킹 문명의 흔적이 남아 있었습니다. 기록에 따르면 서기 984년부터 500년 동안 바이킹들이 그린란드에 이주해 살았는데 어느 순간 사라져버렸다고 합니다. 이들은 그린란드에 교회를 세우고, 쇠로 연장을 만들어 사용했으며, 소와 양을 키우기도 했습니다. 또한 이들은 유럽의 최신 유행을 따라 하면서 유럽풍의 옷을 입고 유럽식 생활 양식을 모방했는데 어느 순간 모두 사라져버린 것입니다. 얼음으로 뒤덮여 있는 땅이지만 원주민인 이누이트족은 지금까지 명맥을 이어오고 있는데 왜 바이킹족만 사라져버린 것일까요?

바이킹의 비극은 원주민인 이누이트족을 미개인으로 무시하고 자신들은 세련된 유럽인이라고 생각한 것이 원인이라고 진단하고 있습니다. 이누이트족은 바다표범과 고래를 사냥해서 식량과 기름을 조달하고, 두꺼운 모피 옷을 입고 얼음집인 이글루를 지어 추위를 이겨내며 극한의 환경에 적응하면서 살아남을 수 있었습니다. 바이킹들은 이런 것들을 미개한 것으로 간주하고 얼마 되지 않는 땅에 소, 양을 키우고 유럽풍의 세련된 옷만 고집하느라 현지 적응에 실패한 것이었습니다.

척박한 그린란드 땅에서 약 500년간 살아온 바이킹이지만 어느 순간 식량이 부족해지고 추위를 견디지 못하여 전멸한 것으로 추정할 뿐입니다. 바다 생선을 즐겨 먹는 노르웨이와 아이슬란드의 후예임에도 불구하고 지천에 널려 있는 생선을 먹지 않았다는 것도 불가사의한 일이라고 합니다. 아마도 그들이 미개인으로 여겼던 원주민들이 먹는 음식이라고 무시하면서 스스로 차별화한 탓이라고 추측됩니다. 살아가야 할 환경이 완전히 바뀌었는데도 그런 환경에 적응해서 살아가는 사람들의 생존 방식을 무시하고 자신만의 방식을 고집하다가 끝내 전멸하고 만 것입니다.

변경관리를 제대로 하지 않은 것이 수많은 사고의 근본 원인으로 나타나고 있습니다. 수상호스 파손 사고도 환경이 바뀌었음에도 인지하지 못하고 있다가 사고가 나고서야 뒤늦게 깨달은 사례입니다. 세계 일류 기업들은 조직의 리더가 바뀌는 경우에도 변경관리를 한다고 합니다. 사람이 바뀔 때 무엇을 대비해야 하는지를 점검하여 리더의 변화로부터 일어날 수도 있는 사고를 예방하기 위한 것입니다. 우리 회사도 작년부터 변경관리를 대폭 강화하여 시행하는 중입니다. 그러나 지금 우리의 수준은 아직 많은 노력이 필요한 단계입니다.

최근 어려워진 환경 탓에, 처리하기 어려운 원유 도입을 적극적으로 검토하고 있습니다. 우리에겐 큰 변화임이 분명하기 때문에 눈에 보이는 것뿐만 아니라 예상하지 못했던 일이 일어날 수 있다는 사실에 경각심을 가지고 대비를 해야 할 시점입니다. 그러지 않으면 그린란드의 바이킹처럼 어느 순간 사라질 수도 있기 때문입니다. 강한 종이 살아남는 것이 아니라 변화에 적응하는 종이 살아남는다는 것은 언제나 진리입니다.

사고는 우연이 아니라
필연의 산물

재레드 다이아몬드가 이름 붙인 '안나 카레니나의 법칙'

　'행복한 가정은 모두 엇비슷하고, 불행한 가정은 불행한 이유가 제각기 다르다.'

　톨스토이의 위대한 소설 《안나 카레니나》는 이 구절로 시작합니다. 행복하고 편안한 삶을 살던 안나 카레니나의 가정이 결국은 파멸로 끝나는 과정을 그린 이 소설의 첫 문장은 톨스토이가 우리에게 던지는 삶의 화두입니다.

　톨스토이가 말하려고 했던 것은 무엇일까요? 바로 결혼생활이 행복해지려면 결혼생활에 영향을 주는 모든 요소들이 성공적이어야 한다는 것입니다. 행복한 가정이 되려면 부부가 서로 사랑해야 하고, 경제, 자녀, 친척, 건강 등 여러 요소가 성공적이어야 합니다. 행복한 가정이 엇비슷하게 보이는 것은 이러한 요소 모든 부분에서 아무 문제가 없는 것처럼 보이기 때문입니다. 반면 불행한 가정을 들여다보면 어떤 집은 경제적인 갈등이 있고, 어떤 집은 부부 사이에 문제가 있고, 어떤 집은 자식이 문제를 일으키고, 어떤 집은 고부간의 갈등으로 행복한 삶을 꾸려가지 못하고 있습니다.

재레드 다이아몬드는 《총,균,쇠》에서 야생동물이었던 개나 돼지가 가축화될 수 있었던 요인을 설명하면서 톨스토이의 문장을 인용해 이렇게 이야기했습니다. "가축화할 수 있는 동물은 모두 엇비슷하고, 가축화할 수 없는 동물은 가축화할 수 없는 이유가 제각기 다르다." 그리고 이를 '안나 카레니나의 법칙'이라고 이름 붙였습니다. 이후 톨스토이의 이 첫 문장은 사회적인 여러 가지 현상을 설명하는 데 인용되고 있습니다.

'안나 카레니나의 법칙'을 요즘 화두가 되고 있는 안전에 적용해보겠습니다.

"안전한 사업장은 모두 엇비슷하고, 사고가 발생한 사업장은 사고가 난 이유가 제각기 다르다."

그렇다면 안전한 사업장이 되는 조건이 무엇일까요? 가장 중요한 것은 안전경영에 대한 경영자의 의지(Safety Leadership)일 것입니다. 이와 동시에 안전과 관련된 규정과 절차인 안전경영 시스템을 갖추어야 하고(Plan), 직급에 관계없이 사업장에 근무하는 모든 구성원이 규정과 절차를 잘 지켜야 합니다(Do). 또한 규정과 절차를 제대로 지키는지, 만들어진 규정과 절차는 현장을 제대로 반영하고 있는지 점검이 뒤따라야 합니다(Check). 점검한 결과 시정이 필요한 사항이 있을 경우 적기에 시정되어야 합니다(Action).

즉 경영자의 강력한 리더십 아래 안전경영에 필요한 시스템이 정상적으로 작동된다면 사고는 최소화할 수 있습니다. 그래서 안전한 사업장은 모두가 엇비슷하게 보입니다. 반면 대형사고가 날 때마다 어김없이 등장하는 용어가 있습니다. '안전불감증', '인재', '비용절감을 위해 안전수칙 무시' 등이 그렇습니다.

어떤 사고든 반드시 예방이 가능하다

화학공장의 안전사고 방지를 위해 1996년에 공정안전관리제도(PSM, Process Safety Management)가 도입되어 시행되고 있습니다. 안전보건관리공단에서 주기적으로 점검과 감사를 실시해서 화학공장의 사고를 많이 줄이는 성과를 거두었습니다. 하지만 사고가 날 때마다 조사 결과를 보노라면, 이유가 제각기 다르긴 하지만 매년 되풀이되는 것이기도 합니다.

안전한 사업장을 이루는 데 필수적인 한 가지가 꼭 빠져 있는 것이 현실입니다. 예를 들어 효율과 생산성을 우선시하여 무리하게 공기를 단축하거나, 비용절감을 위해 꼭 필요한 안전장비조차 비치하지 않았다가 사고가 난 회사도 버젓이 '안전이 최우선'이라는 경영방침을 내세우고 있습니다. 이처럼 안전경영 시스템을 제대로 갖추지 못한 사업장은 언젠가 반드시 사고가 발생합니다.

2010년 4월 미국에서 발생한 최악의 석유시추선 '딥 워터 호라이즌

(Deep Water Horizon)'의 폭발사고 조사 시 발견된 시추선 소유 회사인 영국의 석유회사 BP(The British Petroleum)의 사고매뉴얼은 보는 사람들을 실소케 했다고 합니다. 왜냐하면 사고가 난 지역은 미국 남부의 멕시코 만인데, 사고매뉴얼에는 BP의 또 다른 석유시추선이 있는 북해 지역의 특성을 그대로 옮겨놓은 내용이 발견되었기 때문입니다. 한마디로 다른 지역에서 사용한 사고매뉴얼을 지리적 특성이 전혀 다른 지역에서도 그대로 베껴 사용하고 있었던 것입니다. 이 한 기지로 세계적인 기업 BP의 안전관리 수준은 웃음거리가 될 수밖에 없었습니다.

안전의 일상화를 위해 무엇보다 중요한 것은 안전경영 시스템에서 정한 규정과 절차를 준수하려는 자세입니다. 최고 경영자부터 갓 입사한 신입사원까지 직급에 관계없이 누구라도 정해진 규정과 절차를 지키겠다는 의식이 뿌리내리지 못한다면 안전은 담보할 수 없습니다. 최근 우리 사회 곳곳에서 일어난 일련의 사고에서도 모두 정해진 절차와 규정을 제대로 지키지 않았던 것으로 드러났습니다. 그래서 '안전수칙 무시', '인재'라는 용어가 되풀이해서 등장하는 것입니다.

또한 만들어진 시스템이 제대로 작동하고 있는지 다른 사람의 눈으로 점검하고, 점검 결과를 시정하는 것은 사고 예방을 위한 필수 조건입니다. BP의 경우도 사고매뉴얼이 제대로 작성되었는지를 정기적으로 점검했더라면 지리적 특성이 무시된 이상한 매뉴얼이 존재하지 않았을 것입니다.

어떤 사고든 반드시 예방이 가능하다는 신념을 가져야 합니다. 사고는 우연의 산물이 아니라 필연의 산물이라는 합리적인 사고를 가져야 합니다. 이 같은 경영자의 안전에 대한 철학과, 이를 실행하기 위해 잘 만들어지고 관리되는 시스템, 그리고 규정과 절차를 준수하려는 구성원들의 안전의식 등 안전을 담보하는 모든 요소들이 제대로 작동한다면 사고는 100% 예방할 수 있을 것입니다.

안전에는
지름길이 없다

안전의 3대 핵심 요소는 사람, 설비, 관리체계

2013년 IChemE(The Institute of Chemical Engineers)로부터 기조연사로 참석해 달라는 요청을 받아, 말레이시아 쿠알라룸푸르에서 열린 아시아태평양위험심포지움(Hazards Asia Pacific Symposium)에 다녀왔습니다.

IChemE는 1922년 영국에서 설립되어 120여 개국 3만 5,000명의 회원을 보유한 화학공정 분야 세계적 전문 기관으로, 유럽에서만 해오던 위험심포지움을 2011년부터 아·태 지역으로 확대해서 아시아태평양위험심포지움을 개최하고 있습니다.

이번 행사에는 25개국에서 총 250명 정도가 참석했는데, 일반 참가자들은 말레이시아, 싱가포르 등을 중심으로 한 동남아 국가가 주류를 이루었으나, 기조연사 및 발표자 상당수는 유럽 및 미국의 정부기관,

학계 및 산업계 인사들이었습니다.

이번 행사에서는 '안전문화를 향상시키는 법(How to Improve Safety Culture)'이라는 주제로 발표했습니다. 제가 근무하는 SK이노베이션에서 최근 수행한 일련의 안전 관련 활동 사례를 중심으로 안전문화 향상 방안을 체계적으로 정리한 내용이었습니다. 그리고 다른 발표자들을 통해서도 화학공장의 안전과 관련한 최신 기술과 세계적 추세를 확인할 수 있었습니다.

이번 행사의 특색은 발표 내용이 안전 분야에서 세계 최고 수준인 회사 사례부터 동남아나 중국 등 상대적으로 수준이 낮은 국가의 사례까지, 다양한 간접경험을 할 수 있었다는 점입니다. 이를 통해서 각자가 처한 상황과 안전관리 수준에 따라 안전 수준 향상을 위해 어떠한 분야에 집중하고 어떤 점에 주의해야 할지에 대해 견문을 넓힐 수 있는 좋은 기회였습니다.

화학공장 안전의 핵심 요소는 사람(People), 설비(Asset), 그리고 관리체계(System)를 들 수 있는데, 이번에 보고 느꼈던 내용들을 이 3가지 요소로 나누어 정리하려고 합니다.

사람(People) – 안전전문가의 육성

사람과 관련해서 우선 인상적인 부분은, 기조연사로 참석한 독일의 화학회사 바스프(BASF)나 미국의 화학회사 듀폰(Dupont)그룹 등의 글로벌 기업 안전 담당 임원들이 모두 공정운전을 담당하는 생산부서 출신이라는 점이었습니다. 그들과 이야기해보니, 선진 회사들은 안전관리가 생산 활동의 일부로서 생산부서가 책임지고 해야 할 일로 규정하고, 이를 위해 생산부서 사람들 모두 안전에 대해 잘 알고 안전 관련 업무에 적극적으로 참여하는 데 역점을 둔다고 합니다. 또한 안전전문가는 공정에 대한 경험을 거친 엔지니어들을 대상으로 선발하여 육성한답니다. 반면에 안전관리 수준이 아직 높지 않은 회사들은 안전관리를 생산 활동에서 분리해 안전부서의 일로 여기고 안전부서에서 책임지도록 한다고 합니다.

한편 이번 심포지움에서 안전과 관련한 사람 차원의 리스크로 베이비부머 세대의 대거 은퇴, 회사의 M&A 등으로 인한 조직 및 인력의 불연속성 문제가 많이 거론되었고, 이러한 리스크를 효과적으로 관리하고 사람 차원의 안전경쟁력을 유지하기 위한 방안으로 인력변경관리(Human Management of Change), 조직변경관리(Organizational Change Management) 등이 제시되었습니다.

이러한 기법들은 특정한 직무의 담당자가 바뀔 때, 새롭게 해당 직무를 맡을 사람이 안전과 관련한 충분한 역량을 보유했는지 사전에 검토하는 것이 핵심입니다.

그리고 사람과 관련한 또 다른 한 축으로는 협력업체 인력들에 대한 안전관리 강화가 많이 거론되었습니다. 우리나라도 마찬가지지만 공장 운영의 효율화를 위해 협력업체의 활용이 증가하고 있고, 이에 따라 협력업체 관련 사고도 함께 증가하는 추세를 보이고 있으므로, 이에 대한 대책으로 기존 직원에 비해 상대적으로 관리가 취약했던 협력업체 직원들의 안전의식과 역량을 증진할 수 있는 프로그램들이 많이 활성화되고 있었습니다.

설비(Asset) – 노후 공정들의 위험성 관리

설비의 안전 확보를 위해서는 공정의 설계 – 건설 – 운전 – 유지보수 – 폐기 등의 전 과정에 걸친 사이클별로 적절한 위험성 평가와 그 결과에 따른 보완 대책 이행의 중요성이 강조되고 있습니다.

특히 최근 들어 세계적으로 많은 공정이 최초의 설계수명을 초과하여 운전되고 있는데, 이런 노후 공정들의 위험성을 어떻게 차별적으로 평가하고 관리할지에 대해서도 많은 고민들을 하고 있었습니다.

한편 어떤 전문가는 일부 회사들이 경제성을 지나치게 중시해, 위험성 평가 결과에 따른 안전투자를 최소화할 목적으로 위험성 평가 시 위험도를 의도적으로 낮게 산정하는 사례가 있음을 경고하기도 했습니다. 그러면서 이를 방지하려면 위험성 평가가 경제성의 논리에 휘둘리지 않도록 독립성을 부여해야 한다고 역설했습니다.

위험성 평가는 기존에 널리 활용 중인 정성적 평가 기법(HAZOP)을 기본으로 하고 정량적 평가 기법(LOPA, QRA 등)을 추가로 적용하는 추세인데, 정량적 평가는 핵심 입력 자료인 발생빈도/가능성 산정 시 공정 노후 정도나 관리 수준에 따른 차이를 어떻게 반영하느냐가 중요한 화두로 떠오르고 있었습니다. 또한 정량적 위험성 평가와 연계한 공정 위험성을 낮추는 방호막으로 SIS(Safety Instrument System)나 SIL(Safety Integrity Level) 등 경보(Alarm)나 가동정지(Shutdown) 관련 계기의 신뢰도를 높이는 기법도 점차 확대 적용되는 추세였습니다.

관리체계(System) – 안전철칙과 무관용법칙을 시행

중국이나 동남아 일부 회사들은 선진 회사들을 벤치마킹하여 안전

관리체계의 완성도를 높이고 문서화된 절차를 정교하게 다듬는 것을 관리체계 향상의 주요 활동으로 소개하고 있었습니다. 반면 일정 수준 이상의 안전관리체계가 구축된 선진 회사들은 시스템의 실행과 이행성 향상에 초점을 두고, 구성원의 행동 변화(Behavior Change)를 이끌어 내는 데 집중하고 있었습니다.

구체적인 행동 변화를 위해서 쉘(Shell)의 "Minds & Hearts" 등으로 대표되는, 구성원의 자발적 참여를 유도히는 프로그램을 운영하기도 하고, 안전철칙(Safety Golden Rules), 무관용법칙(No Tolerance Rules) 등으로 불리는 엄격한 규율을 시행하는 등 강온 양면의 수단을 함께 적용하고 있었습니다.

심포지움 기간 중에 만났던 듀폰그룹 싱가포르 공장 안전팀장과의 대화를 인용하며 이 글을 마무리할까 합니다. 안전에 대해서는 세계 최고라는 듀폰의 안전관리에 대해 궁금한 사항들을 질문했는데, 돌아온 답변은 "안전에는 지름길이 없다(no shortcuts to safety)"라는 말과 함께 안전 관련 기준과 절차는 아무리 어렵고 비용이 많이 들더라도 "예외 없이 지킨다"라는, 너무나도 교과서적인 내용이었습니다. 그리고 듀폰 구성원들은 회사의 안전 최우선 문화를 DNA로 받아들일 만큼 당연하게 여기고 있다고 강조했습니다.

아무리 최신의 설비와 세계 일류 수준의 관리체계를 구비하더라도 결국 이것을 운영하는 것은 사람이기 때문에, 안전한 사업장을 만들기 위해서는 경영진과 구성원 모두가 안전에 대한 확고한 의식과 실천력을 갖추는 것이 가장 중요하다는 것을 이번 심포지움을 통해 다시 한 번 확인할 수 있었습니다.

우리가 마지막이
아니다

'수영금지, 익사 사고가 발생했던 곳'이란 표지판

    정수기가 보편화되기 전이던 1990년대 초까지 주말이면 약수터에 물 길으러 가는 게 일상적인 일이었습니다. 토요일이면 어김없이 새벽 일찍 차 뒤에 큰 물통 2개를 싣고 드라이브 삼아 약수터를 향했습니다. 제가 다녔던 약수터는 울산시의 외곽인 두동면 은편리에 있었습니다. 집에서 시 외곽으로 나가는 국도를 따라가다가 불고기 단지로 유명한 봉계 방향으로 가다 보면 풍광 좋은 넓은 들이 나오고, 그 길가 언덕 위의 약수터였습니다. 물맛이 좋다고 소문이 나서 새벽 일찍 가도 벌써 사람들이 줄을 설 정도로 인기가 좋았습니다. 지금은 어떤지 모르지만 그 당시만 하더라도 울산에서 언양 방면의 국도는 복잡했으나 봉계 방향으로 가는 길은 한적하면서도 주변 풍경이 너무도 아름다웠습니다.

아름다운 풍광을 즐기면서 물을 길으러 가는 것이 일상의 작은 즐거움 가운데 하나였습니다. 그래도 선바위 부근을 지날 때마다 가슴 아픈 기억이 떠올라 마음이 착잡했습니다.

선바위는 울산 시내를 관통하는 태화강 지류 한가운데 우뚝 솟아 오른 바위를 가리키지요. 선바위 주변의 동네 이름도 입암리입니다. 맑은 강 가운데 자리 잡은 바위와 주변의 산과 들이 잘 어우러진 풍경이 아름다워 예전부터 울산 시민들이 즐겨 찾는 휴식 공간이었습니다. 울산에서 근무하는 직장인들에겐 인기 있는 야유회 장소이기도 해서 여러 번 선바위로 야유회를 갔던 추억이 있습니다.

1980년대 중반 어느 주말 오후, 동료 엔지니어의 갑작스러운 부음 소식이 전해졌습니다. 업무적으로 자주 만났을 뿐만 아니라 가끔씩 술자리도 같이하던 선배였고, 불과 몇 달 전에 있었던 결혼식에도 직접 참석한 터여서 그때 받았던 충격은 지금도 생생할 정도입니다. 상가에서 자초지종을 들어보니, 토요일 오전 업무를 마치고 팀원끼리 선바위로 야유회를 갔는데, 날씨가 더워 강으로 수영하러 들어갔다가 강 중간 부근에서 그만 빠져버린 것이었습니다. 그 지역은 강가는 물이 얕으나 바위가 있는 부근은 수심이 갑자기 깊어지고 수온도 낮아 매년 익사 사고가 끊이질 않는다는 것이었습니다. 그 후 선바위 부근의 강가에는 '수영금지, 익사 사고가 발생했던 곳'이라는 표지판이 세워져 있었습니다.

고속도로나 국도를 가다가 '주의, 사망사고 발생 지점'이라는 표지판이 세워진 것을 심심치 않게 볼 수 있습니다. 언제 어떤 사고가 발생했는지는 알 수 없지만 이 표지판을 보는 순간 다시 한 번 긴장하게 되고,

속도를 줄이면서 운전도 조심스럽게 하게 됩니다. 어떤 곳에서는 '동물 출현 주의'라는 표지판을 보면 괜히 어디서 동물이 튀어나올 것 같은 느낌이 들어 주위를 살펴본답니다. 이처럼 우리 주변에는 곳곳에 위험을 경고하는 표지판이 있어 지나가는 사람들을 긴장하게 만듭니다.

제가 운전면허를 취득한 것은 회사에 입사하고도 몇 년이 지난 뒤였습니다. 차가 귀하던 시절이라 운전면허에 대한 필요성을 거의 느끼지 못했지만, 야간 당직근무가 돌아오면 현장 순찰을 다녀야 했는데 당직 근무자 중 한 명은 운전면허가 있어야 했으니까요. 그런 이유로 입사하고 몇 년이 지난 후 운전면허 시험에 도전하게 되었습니다. 필기시험과 두 차례의 실기시험 끝에 합격했는데, 당시엔 시험을 통과하면 교통안전공단에서 실시하는 교육을 받아야 면허증이 발급되었습니다. 멀리까지 가서 받았던 몇 시간의 교통안전교육은 지루했지만, 교육 시간에 보여준 교통사고 현장 사진에 잠이 확 달아났습니다. 참혹한 장면들을 연이어 보면서, 교통법규를 지키지 않으면 저렇게 될 수도 있다는 강사의 말에 운전에 대한 경각심과 두려움을 가지게 되었습니다.

주의를 환기하고 사고를 예방하는 경고표지판

공장의 책임자로서 현장에 가능한 한 자주 가봐야겠다고 생각하지만 교대근무를 하는 구성원들 입장에선 아무 때나 불쑥 가게 되면 만만찮은 부담으로 작용할 수도 있습니다. 때로는 현장 방문이 격려가 아니라 감시로 받아들여질 수 있으니까요. 그래서 가능하면 현장의 바쁜 일이 끝날 무렵 가기로 결심하였습니다. 오전 중 적당한 시간에 현장을 가기로 하고, 이왕이면 공장 내에서는 걸어서 다니는 것을 원칙으로 하였습니다. 가까운 곳은 10분 정도만 걸으면 되지만 바닷가에 있는 해상출하시설이나 외곽에 있는 공장까지 가려면 30분쯤은 걸어야 했습니다. 처음에는 힘이 들지 않을까 우려했지만 막상 걸어 다녀보니 새로운 느낌과 경험을 할 수 있어서 좋았습니다. 오고 가는 길에서 우연히 만나는 구성원들과 인사를 나눌 수도 있고, 또 차를 타고 다니면 그냥 스쳐 지나버릴 수 있는 공장의 구석구석을 살피는 일도 업무에 큰 도움이 되었습니다. 그리고 공장 곳곳에 있는 현장 순찰함을 보면서, 예전에 야간당직 근무할 때 순찰을 돌았던 기억도 새삼 떠올랐습니다.

그러나 무엇보다도 직간접적으로 경험했던 사고의 기억들은 많은 세월이 흘러도 도저히 잊히지 않는 것들이었습니다. 석유화학 탱크가 모여 있는 길을 걸어가면서 오른편에 있는 에틸렌 탱크를 보노라면 90년대 추석 연휴 끝자락에 일어났던 에틸렌 탱크 폭발사고의 기억이 다시 떠오르고, 비상저수지 옆을 지나가면 제4 정유공장의 최초 가동 과정에 일어난 대형 화재사고가 떠올랐습니다. 왜냐하면 당시 많은 사람들이 비상저수지 옆에서 불타는 광경을 보았기 때문입니다. 또한 내항부두 지역을 따라 걸어가다 보면 아름다운 바다 풍광과 함께 제품 선적 중에 선박이 폭발했던 사고 기억을 지울 수가 없습니다. B 도로를 따라 걸으면서 오른쪽에 있는 탱크를 바라보면 나프타 탱크에 화재가 발생하여 급박했던 순간들도 다시 생각났습니다.

서울로 출장 갔다가 울산으로 내려오는 비행기를 타면 대부분의 경우 정자 바다 위 상공에서 원을 그리며 우리 공장 위를 통과하여 울산 공항으로 향합니다. 하늘에서 본 동해 바다는 아름답기 그지없지만 바다를 바라볼 때마다 생각나는 것은 몇 차례의 대형 오염사고입니다. 그래서 바다를 보면 아름답다는 생각보다 오염사고로 인해 겪었던 고통의 기억이 떠올라 가슴을 쓸어내리기도 합니다.

독일 뮌헨에는 나치 정권에 의한 최초의 유대인 수용소이자 후일 아우슈비츠의 모델이 된 다카우 수용소가 있습니다. 수많은 유대인들이 끌려와 이 수용소에서 고문을 당하고 강제노동에 시달렸습니다. 마침내는 유대인들이 가스실에서 죽어나가야 했던 이 수용소는 지금까지 그때 모습 그대로 보존되고 있다고 합니다. 마치 우리나라 서대문 형무소처럼 말입니다. 다카우 수용소나 서대문 형무소가 원형 그대로 보존되는 이유는 단 한 가지, 후손들이 이 장소를 보면서 다시는 같은 비극을 되풀이하지 않도록 교육하기 위한 것입니다. 다카우 수용소에는 이런 글귀가 있다고 합니다. 'We are not the last ones.(우리가 마지막이 아니다.)' 언젠가 다시 같은 일이 생길 수도 있으니 이 수용소를 보면서 아픈 역사가 되풀이되지 않도록 마음속에 새기자는 의미로 받아들여야겠습니다.

사고가 난 지점에 경고표지판을 세우고, 사고 현장을 사진으로 보여주고, 아픈 역사의 현장을 그대로 보존하는 것 모두가 다시는 일어나지 않아야 할 일들에 대해 경각심을 일깨우기 위함입니다. 사고가 일어났던 곳은 언제든 유사한 사고가 일어날 가능성이 높습니다. 그래서 고속도로나 자동차 전용도로를 가다 보면 "사망사고 발생지역"이라는 경고표지판을 세우고, 그 지역을 통과하는 운전자들에게 경각심을 일깨워 사고를 미연에 방지하는 효과를 거두고 있습니다. 공장의 생산 현장에서도 사고가 났던 지역에 언제 어떤 사고가 났다는 표지판을 세워둔다면 동일한 사고가 일어날 가능성을 줄일 수 있을 것입니다. 그리고 시간이 흐른 후에도, 또 그 자리에 없었던 사람들까지도 경고표지판을 통해 다시 한 번 주의를 환기하고 사고를 예방하기 위한 노력을 아끼지 않을 것이니까요.

길 잃은 호박 넝쿨로부터
배운다

우리 직원의 정신은 쉽게 모방할 수 없습니다

미국의 선더버드(Thunderbird) 경영대학원에서 연수를 받던 시절, 기업의 성공과 실패 사례에 대한 케이스스터디를 통해 성공과 실패 요인을 학습하는 기회가 있었습니다. 그중에서도 인상적인 사우스웨스트(Southwest) 항공사의 사례는 거의 모든 MBA 과정에서 전략뿐만 아니라 마케팅, 기업문화의 케이스스터디로 활용할 정도로 관심을 받고 있었습니다.

사우스웨스트 항공사는 단거리 위주의 논스톱(Non Stop) 운항, 큰 공항이 아니라 지방의 작은 공항을 활용, 그리고 한 가지 기종만 운영하면서 비용절감에 성공함으로써 고객들은 다른 항공사보다 30%나 싼 가격에 이용할 수 있게 되었습니다. 창업자이자 CEO였던 허브 켈러허

(Herb Kelleher)는 선구적이고 독창적인 경영 스타일뿐만 아니라 파격적이고 유머러스한 행동과 언어로도 많은 주목을 받았습니다. 미국의 대형 항공사들이 9.11 이후 어려움을 겪으면서 파산하는 위기 상황 속에서도 지속적인 이익과 성장을 이루어낸 비결이 무엇일까요? 사우스웨스트 항공사의 경영 전략과 기업문화, 그리고 마케팅 측면에서 다른 항공사들과 차별화된 포인트에 대한 연구 결과가 속속 발표되었습니다.

사우스웨스트 항공사의 성공 사례를 보고 여러 항공사들이 배우고 따라 했습니다. 사실 겉으로는 별것 아닌 것처럼 보입니다. 예를 들어 단일 기종으로만 운영하는 것, 기내 서비스를 최소화하는 것, 그리고 포인트 투 포인트(point to point) 전략도 어려운 것이 아닙니다. 그럼에도 불구하고 다른 항공사들은 성과를 거두지 못했습니다. 신생 항공사인 뱅가드, 리노는 물론이고 메이저인 유나이티드 항공사와 콘티넨탈 항공사도 실패하고 말았습니다. 기업의 문화와 시스템이 같이 변하지 않으면서 겉으로 보이는 것만 따라 해서는 실패할 수밖에 없습니다. 허브 켈러허 회장은 다음과 같이 말했습니다.

"경쟁자들이 같은 비행기를 구입할 수는 있습니다. 그러나 우리 직원의 정신은 쉽게 모방할 수 없습니다."

비정상적인 경영이 비극적인 결과를 초래

1995년 존 브라운(John Brown)은 메이저 석유회사인 BP의 CEO로 취임했습니다. 1966년 BP에 입사한 그는 CEO로 취임한 후 미국의 아모코(Amoco)사와의 합병 등을 통해 BP를 세계적인 기업으로 키워 영국에서 가장 존경받는 기업인 가운데 한 명으로 꼽힐 만큼 명성을 얻기도 했습니다. 그러나 2007년 임기를 1년 6개월 남긴 상태에서 조기 퇴임이라는 불명예를 안고 회장직에서 물러나고 말았습니다.

여러 가지 이유가 있지만 2005년 3월에 발생한 미국 역사상 최악의 화학사고 중의 하나로 손꼽히는 BP 텍사스시티 정유공장 화재폭발사고도 한몫을 한 것으로 알려지고 있습니다. 15명이 사망하고 180명의 부상자를 낸 이 사고로 BP는 5,000만 달러의 벌금을 내야 했고, 존 브라운이 CEO로 취임 후 대대적으로 사업을 확장하면서 지나치게 경비를 절감한 것이 원인이라는 평가를 받기도 했습니다. 이 사고 5년 후인 2010년 4월에 발생한 원유시추선 딥 워터 호라이즌 폭발사고는 천문학적인 피해를 초래했고, 또다시 이런 대형사고가 발생한 것은 BP의 안전관리에 심각한 문제가 있음을 노출하는 계기가 되었습니다.

미국의 다큐멘터리 작가 마거릿 헤퍼넌(Margaret Heffernan)은 사람의 행동 중 알면서도 모르는 체하는 뇌 의식이 여러 가지 문제를 일으킬 수 있다는 것을 《의도적 눈감기(Willful Blindness)》라는 책에서 설명하면서 BP 텍사스 정유공장 폭발사고를 사례로 들었습니다.

1998년 BP가 아모코사를 인수·합병한 이후 합병회사의 CEO였던 존 브라운은 정유공장의 고정비용을 25% 감축하라는 지시를 내렸습니다. 이에 따라 BP 텍사스 정유공장도 예외 없이 전체 비용의 25%를 삭감하기 위해, 공장의 유지보수 비용을 포함한 모든 비용을 줄이는 데 전력을 다했습니다. 2002년 내부 보고서에서 텍사스 정유공장에 대한 안전성의 획기적 개선이 필요하다는 내용이 있었음에도 불구하고 비용절감 목표를 달성하기 위해 정기적인 보수에 들어가는 필수 비용까지 삭감하는 일이 벌어졌습니다. 런던 본사의 비용감축 지시는 공장의 안전성에 문제가 있다는 경고에도 불구하고 모든 부분에서 지속적으로 이행되었고, 결국 이러한 것이 누적되어 대형사고로 발생했다는 것입니다. 즉 목표를 달성하기 위해 정상적인 방법을 사용한 것이 아니라, 무조건 목표만 달성하겠다는 비정상적인 경영이 비극적인 결과를 초래한 것입니다.

지나친 단기성과주의는 더 큰 위험에 직면한다

지금은 달라졌지만 우리도 비슷한 경험을 가지고 있습니다. 과거 회사가 어려움에 처할 때마다 비용절감이 화두였는데, 비용절감은 당연한 목표지만 때로는 방법을 잘못 설정한 경우도 많았습니다. IMF 위기가 한창 진행 중이던 1990년대 말, 다음 해 경영계획을 수립하는 과정에서 여러 가지 문제가 나타났습니다. 비용은 물가상승에 따라 늘어난 반면 수익은 오히려 줄어드는 것으로 예측되어 경영계획 수립 자체가 힘들 정도였습니다.

어렵지만 수익을 조금이라도 높이고 비용은 최소화해야만 겨우 마이너스 목표를 면할 수 있는 환경이었습니다. 모든 조직에서 비용감축을 위한 새로운 아이디어를 내어야 했는데 울산공장도 예외가 아니었습니다.

비용 중에서 가장 큰 부분 중의 하나가 수선비라, 비용절감 이야기가 나올 때마다 수선비는 단골 메뉴로 도마 위에 오릅니다. 그러나 수선비도 나름대로 필수불가결한 부분만 반영한 탓에 추가로 절감할 여지가 별로 없었습니다. 그래도 수선비 중에서도 조금이라도 손대고 싶은 유혹을 느끼는 게 바로 탱크정비 비용입니다. 법적으로 매년 개방검사를 해야 할 숫자가 정해져 있고, 또 그 수가 제법 되고 비용이 크기 때문입니다. 그해도 예외가 아니어서 당시 울산공장 경영층에서 탱크 수선비를 줄여보라는 지시를 내렸고, 최종적으로 비용을 줄이기 위해 탱크정비 작업을 그다음 해로 연기하기로 결정했습니다.

결과는 예상대로였습니다. 보수작업을 연기하여 그해에는 비용이 줄어드는 듯이 보였지만, 계획된 기간에 정비하지 못한 탱크 가운데 다수가 운전 중에 문제가 생겼습니다. 따라서 보수작업을 긴급히 하지 않으면 안 되었고, 긴급한 작업이다 보니 오히려 비용은 더 많이 들어갔습니다. 꼭 필요한 일을 뒤로 미루다 보면 당장은 비용절감의 효과를 볼 수는 있지만 나중에 더 큰 대가를 지불해야 합니다. 업무의 비효율을 개선하여 구조적으로 절감하는 노력을 해야 하는데, 업무 효율의 방향을 잘못 잡아 더 큰 위기를 초래한 것입니다.

업무를 추진하면서 방향을 잘못 잡으면 나중에 더 큰 희생을 치러야 한다는 교훈은 여러 군데에서 얻을 수 있습니다. 남들이 잘한다고 하니까 무작정 따라 하는 것, 눈앞의 목표만 바라보고 그 부작용을 생각하지 않는 것 등 지나치게 단기성과주의에 매달릴 때 우리는 큰 위험에 직면할 수 있습니다. 작년부터 계속되는 어려움으로 비상경영 상태라 하더라도 절대 안전에 조그마한 문제도 생기지 않아야 한다는 경영층의 의지가 확고한 것도 그런 이유입니다.

김교복 시인의 〈호박으로부터 배우다〉는 자신이 가야 할 방향을 모른 채 그저 앞으로 나아가는 게 얼마나 위험한지를 일깨워줍니다.

호박으로부터 배우다

생각 없이 가는 길이
얼마나 무서운가를
호박 넝쿨로부터 배운다

쉬운 길 간다고
전봇대 철사 줄 잡고
올라간 호박 넝쿨

반달만큼이나 큰 호박 하나 달고
지금 떨고 있다
바람이 불까
소낙비 내릴까

'팻 핑거 에러'는
부주의로 인한 사고

컴퓨터 자판을 잘못 누른 굵은 손가락?

　하루에 받는 스팸 메일의 수는 얼마나 되고, 또 그것을 지우는 데 얼마나 많은 시간을 투입하고 있으신지요? 대부분의 직장인들은 회사 업무를 위한 이메일 계정 이외에도 개인적으로 가입한 인터넷 사이트로 몇 개의 추가 계정을 가지고 있다고 합니다. 제 경우도 회사 업무용 이메일 계정과 개인적인 용도의 이메일 계정을 가지고 있습니다. 업무용 이메일 계정으로는 스팸 메일의 수가 적은 데다 매일 도착한 메일을 확인하는 편이라 즉시 지우지만, 개인적으로 사용하는 계정은 가끔씩 열어볼 때마다 잔뜩 쌓인 스팸 메일을 처리하는 게 상당히 귀찮은 일 가운데 하나입니다. 그래서 전체 선택을 한 다음에 한 번 클릭으로 한꺼번에 삭제를 하곤 하지요.

그런데 가끔 이 과정에서 문제가 생기기도 합니다. 얼마 전 개인 메일을 열어보니 아니나 다를까 온통 광고 메일이 잔뜩 쌓여 있었습니다. 습관적으로 전체 선택을 하고 삭제 버튼을 누르는 순간, 그 가운데 해외에 나가 있는 친구의 편지가 포함된 것이 보였습니다. 엔터키를 누르고 있는 상태라, 손가락만 떼면 오랫동안 만나지 못했던 친구의 메일은 열어보지도 못하고 사라질 운명이었지만 다른 방법이 없었습니다. 이치구니없다는 생각을 하면서 신중하지 못한 제 행동에 대해 다시 한 번 반성해보았습니다.

2005년 일본의 증권사에서 일어난 일입니다. 증권거래인이 1주에 60만 엔이나 하는 고가의 주식 1주를 매도해 달라는 주문 의뢰를 받았습니다. 그런데 이 증권거래인은 순간적으로 컴퓨터에 입력을 잘못하여 60만 엔에 1주를 매도한다는 주문을 거꾸로 1엔에 60만 주를 매도하겠다는 주문으로 바꾸어 입력하는 사고를 저지르게 됩니다. 순식간에 거래가 이루어졌고, 이로 인해 증권사는 어마어마한 손실을 입고 말았습니다.

우리나라 증권사에서도 비슷한 사고가 있었습니다. 2010년 국내 어느 증권사에서 일어난 일입니다. 미국 달러 선물스프레드 매수 주문을 받고 0.8원에 15,000개의 주문을 입력한다는 것이 그만 80원으로 입력하는 바람에, 15초 만에 거래가 성사되어 120억 원대의 손실을 입었다고 합니다.

이렇듯 금융가에서 컴퓨터 입력 잘못으로 인한 금융사고를 일컬어 팻 핑거 에러(Fat Finger Error)라고 이야기합니다. 손가락이 굵어 컴퓨터 자판을 정확하게 누르지 못한다는 뜻이지만, 실제로는 입력할 때 좀 더 신중하지 않고 무의식적으로 행동하기 때문에 일어나는 사고들을 지칭하는 용어입니다. 스팸 메일을 지우면서 중요한 메일까지 같이 지워버리는 것도 같은 이유입니다.

이런 일은 비단 증권사나 은행과 같은 금융권에서만 일어나는 것은 아닙니다. 최근의 생산설비들은 대부분 자동화되어 중앙조정실에서 컴퓨터로 운전되는 곳이 많습니다. 중앙조정실에서 조절하지 않는 설비라 할지라도 수치제어 시스템을 이용한 설비들이 대부분이라, 기계에 수치를 입력하고 엔터키를 누르면 미리 입력된 프로그램에 따라 기계들이 작동합니다. 그래서 생산 현장에서도 팻 핑거 에러와 유사한 사고들이 종종 발생합니다.

숫자 '85' 대신 '8'만 입력하고 엔터키를 눌러 대형사고

생산본부장으로 근무하던 중 겪었던 사고 경험입니다. 울산공장에는 폐가스를 이용하여 증기를 만드는 보일러가 있었습니다. 이 보일러의 운전은 대부분 중앙조정실에 이루어지고, 중앙조정실 근무자가 보일러의 상태를 파악하면서 필요한 조치를 취하여 보일러가 최적 조건으로 운전될 수 있도록 조절합니다.

보일러의 운전은 폐가스의 성분에 따라 폐가스를 태우는 데 필요한 공기의 양이 조금씩 달라집니다. 그래서 공기의 양이 더 필요하면 컴퓨터에서 알람을 보내 조치를 하라고 신호를 보냅니다. 보통 공기 조절량은 매우 적어서 조금씩 증가시키거나 감소시킵니다. 마치 TV를 시청하면서 볼륨을 크게 하거나 작게 하는 것처럼 키를 누를 때마다 조금씩 변화하는 방식입니다.

공기의 양을 조절하는 조절기는 열리고 닫히는 정도를 %로 나타내는 방식으로, 100%는 완전히 열리는 것, 0%는 완전히 닫히는 것을 의미합니다. 사고가 일어난 날 이 조절기는 83%의 상태로 운전 중이었는데 폐가스의 성분이 변화되면서 공기량을 늘려야 했습니다. 늘릴 때는 증기키를 계속 누르면 조금씩 열리게 되어 있는데, 이날 근무자는 85%까지 한꺼번에 열려고 증가키를 누르지 않고 숫자 입력을 시도했습니다. 그런데 '85'를 입력한다는 것이 실수로 그만 '8'만 입력하고 엔터키를 눌러버린 것입니다.

결과는 참담했습니다. 공기조절기가 83% 수준으로 열려 있다가 8% 수준까지 닫혀버리니 필요한 공기량이 절대적으로 부족한 상태가 되어버렸습니다. 그리고 컴퓨터에 미리 저장된 프로그램은 오작동으로 발생할지도 모르는 사고를 방지하기 위해 보일러가 자동적으로 꺼지게 명령했고, 보일러는 가동이 중단되고 말았습니다.

사실 이런 유형의 사고는 과거에도 가끔씩 발생하여, 위급한 상황이 아니면 직접 숫자를 입력하지 못하도록 규정을 정해두었지만 현장 근무자들은 마음이 급할 때는 습관적으로 실수를 하는 경우가 종종 있습니다.

팻 핑거 에러는 실제로는 대부분 주의력이 부족한 탓에 발생하는 사고입니다. 점점 자동화되고 편리해지는 현대 사회에서는 부주의로 인한 사고가 더 많고 그 피해는 더 늘어날 수밖에 없습니다.

많은 낭패를 초래할 수 있는 부주의한 실수를 예방하는 방법은, 이런 자동화 설비를 조절하는 작업자들이 작업을 할 때 신중한 자세로 집중하는 것이 최우선이지만 이것만으로는 부족합니다. 공정제어용 컴퓨터에 '숫자 입력 금지'라는 경고문을 크게 써 붙여놓아 항상 주의를 환기하려는 노력이 필요합니다. 만약에 실수하더라도 최악의 상태만은 피할 수 있도록, 숫자를 입력하는 경우 즉시 작동하는 것이 아니라 입력한 수치가 맞는지 재확인하는 메시지가 나타나도록 시스템을 보강하는 등 상황에 맞는 보완책을 준비해야 합니다. 자동화설비가 설치된 산업 현장에서의 주의력 산만은 과거에 비해 더 큰 위험을 초래할 수 있으므로, 첨단 시설일수록 고도의 집중력을 유지할 수 있어야 합니다.

메모광이 회사를
바꾼다

사마천의 《사기(史記)》는 내용이 방대하여 다 읽지는 못하더라도, 사기와 관련된 책이나 글은 주변에서 많이 접했으리라 생각합니다. 우리가 알고 있는 중국 고사성어의 60%는 《사기》에서 나온 것이라고 합니다.

《사기》는 2,100년 전 한나라 무제 시절에 살았던 사마천이 기록한 중국 고대 역사서입니다. 전체 글자가 52만여 자(字)라고 하니, 종이가 없던 시절 대나무를 두 토막으로 쪼개어 그 자리에 52만 자를 새겨 넣었습니다. 그것도 혼자서 사료를 구해 중국 고대 황제들의 기록뿐만 아니라 그 시대의 생활상을 기록한 것은 실로 대단한 일이라고 할 수 있을 것입니다.

여러 가지 이야기가 전해지지만 사마천은 흉노와의 전쟁에서 패한 장수의 죄를 논하는 자리에서 황제의 뜻에 반하는 이야기를 했다가 사형선고를 받았습니다. 그런데 오로지 《사기》를 완성하겠다는 일념에서, 죽음보다 더 치욕적으로 여겨진 궁형(남자의 생식기를 잘라내는 형벌)을 선택(한나라에서는 사형선고를 받은 죄인이 궁형을 선택하면 사형 대신 궁형으로 처벌했다고 합니다)하는 결단을 했습니다. 일단 목숨을 보전한 후, 말 그대로 목숨을 걸고 《사기》의 완성에 매달렸다고 합니다. 이렇게 만들어진 《사기》는 이후 중국 정사를 기록하는 기준이 되었을 뿐만 아니라, 오늘날에도 중국인의 생각과 인습을 알 수 있는 유용한 자료가 되었습니다.

현장의 리더는 기록의 중요성을 인식해야 한다

울산공장 생산본부장으로 근무하던 시절, 회사에서 가장 중요한 공장 중 하나인 제1 FCC(Fluidized Catalytic Cracker: 유동상촉매분해) 공장에서 문제가 발생하여 공장을 세우는 일이 벌어졌습니다. 여러 차례의 보수 끝에 구정 연휴 기간에 제1 FCC 임시 보수를 마치고 다시 가동했습니다. 슬라이드 밸브(Slide Valve - FCC 공정에서 촉매 흐름을 조절하는 밸브)의 누출사고가 난 지 2주일 만입니다.

제1 FCC는 최초 가동 이후 우여곡절이 많은 공장입니다. 어떤 해에는 촉매가 비정상적인 흐름을 보여서 몇 번씩이나 가동정지와 재가동을 되풀이했고, 또 어떤 해에는 상당한 기간 동안 가동하지 못한 기록도 있습니다. 또한 정상 운전 중에도 가끔씩 촉매 비정상 흐름이 발생하여 애를 태운 적이 한두 번이 아니었습니다. 이번 가동 과정 중에도 한 번도 겪지 못했던 일이 벌어져 하루 동안 가동이 지연되었고, 다시 가동하는 동안 촉매 비정상 흐름 징후가 포착되어 긴장 속에서 이런저런 조치를 함으로써 겨우 가동할 수 있었습니다.

이 과정들을 지켜보면서 기록에 대한 문제를 떠올렸습니다. 제1 FCC는 그동안 많은 문제를 일으켰기 때문에 상세한 기록이 남아 있을 것으로 기대했지만, 사고보고서 외에는 별다른 기록이 없었습니다. 사고보고서는 겉으로 드러난 문제밖에 알 수 없어, 어떤 문제에 직면하여 의사결정을 해야 할 때마다 곤혹스러웠습니다. 그래서 문제해결을 위해서는 그 당시 경험자들이 기억을 떠올려 "그때 이렇게 했던 것 같다"라는 정도의 조언에 의지해야만 했습니다.

이런 상황은 비단 제1 FCC에 국한된 문제만은 아닐 것입니다. 우리 같이 장치를 운전하는 분야에서는 아주 디테일한 기록이 무엇보다 중요합니다. 특히 촉매를 사용하는 공정은 한 사이클 내에서 일어난 모든 것들이 기록으로 남아 있어야 하는 것이 기본 중의 기본입니다. 그 전과 비교하여 무엇이 달랐고, 그 영향은 어떠했는지, 그리고 중간에 일어났던 트러블은 무엇이었고 어떻게 해결했는지 등이 아주 상세한 기록으로 남아 있어야 합니다. 설비에 대한 기록도 마찬가지입니다. 몇 년도에 교체했다는 것처럼 겉으로 드러난 것뿐만 아니라 그것을 유발한 근본 원인까지 잘 기록되어 있어야 합니다.

제가 사마천의 《사기》를 이야기한 이유도 여기에 있습니다. 사마천은 《사기》를 쓰면서 단순히 황제를 중심으로 일어났던 일만 기록한 것이 아니라, 그 시대 사람들의 생활과 생각까지 모두 기록해두었습니다. 이런 역사의 기록들은 후세 사람들에게 과거를 통해 현재를 배우는 삶의 교훈으로 남아 있습니다.

《한국의 메모 달인들》이라는 책에, 지금은 본사로 자리를 옮긴 서일황 과장의 이야기가 나옵니다. 서 과장에게서 작년에 선물받았는데, 제목대로 이 책은 메모(기록)의 중요성과 메모를 잘하는 사람들의 노하우를 인터뷰하여 정리해놓았습니다. 이 책의 책머리에는 '세상을 뒤흔든 위인들은 모두 메모광이었다'라는 문장이 등장합니다. 에디슨, 레오나르도 다빈치, 링컨은 모두 메모광이었다고 합니다.

우리에게 절실하게 필요한 것은 개인의 메모와 함께 우리가 관리하는 공정이나 설비에 대한 메모(역사)입니다. 메모와 기록은 겉으로 드러난 것만이 아니라 아주 사소하지만 중요한 것들이 모두 포함된 역사여야 합니다. 현장의 리더는 기록의 중요성을 스스로 인식해야 할 뿐만 아니라 구성원들에게도 기록의 수준을 높이도록 독려하고 교육의 기회를 제공해야 합니다. 이것이야말로 각 리더들의 진정한 기록(업적)이자 후배들에게 남기는 값진 유산이 될 것입니다.

현장을 깨끗하게
만들자!

신임 공장장의 취임 일성은 "청소하자!"

1990년대 초반은 우리 회사의 역사에 기록될 만한 중요한 일들이 많이 일어난 시기였습니다. 제4 정유공장, 제2 나프타 분해공장을 비롯한 대규모 공장들이 건설되어 가동되기 시작한 시절입니다. 동시다발적으로 대규모 프로젝트가 이루어져 공장 전체가 공사판 같았고, 시운전 과정에서 사고도 많이 발생했습니다.

새로 건설한 공장들이 어느 정도 안정을 되찾은 시점이던 1992년, 울산공장의 부문장으로 본사에서 인사 책임자로 일했던 분께서 부임해 모두들 깜짝 놀랐습니다. 왜냐하면 그 전까지 엔지니어 출신이 아닌 사람이 공장의 책임자를 맡은 적이 없었기 때문이었습니다. 새로 부임한 분은 공장에서 근무한 경력은 있었지만 원래 인사 전문가였습니다. 당시 일선 현장에서 일하던 사람들은 엔지니어가 아닌 인사 전문가의 경력을 가진 분이 어떻게 공장을 이끌어갈 것인지에 대한 궁금증이 가득했습니다.

새로 부임한 부문장님의 첫 일성은 "청소하자!"였습니다. 신규 공장에서 많은 사고가 일어나 어수선한 몇 년을 보내고 있을 때, 신임 부문장님은 "현장을 깨끗하게 만들자"라는 화두를 던졌습니다. 그래서 특정일엔 청소하는 시간을 따로 가질 정도였습니다. 공장 안전회의 때마다 안전검열 결과 발표 시간에는 청소가 되지 않은 구역의 사진을 찍어서 공유하기도 했습니다. 특히 공장 외곽지대인 플레어 스택(Flare Stack)에 몰래 버린 공사 폐기물이 가득 찬 모습이 공개되어 모두 놀라기도 했고, 공정지역 내에서도 평소에 사람들이 잘 보지 않는 타워 밑에 온갖 걸레며 보온공사 후의 폐기물이 가득 찬 모습이 공개되기도 했습니다. 몇 달 동안 대대적인 청소를 하고 나니 공장 전체가 눈에 띄게 달라졌습니다. 공장장님이 근무한 2년 동안은 언제나 청소가 화두였습니다.

비슷한 일을 목격한 것은 공장의 생산본부장으로 부임했을 때였습니다. 정유1팀장으로 그동안 설비팀장을 맡았던 김 팀장이 부임했습니다. 정유1팀은 공정이 복잡하고 다른 공정에 비해 오래된 설비들이 많아 운전이 여간 까다롭지 않은 팀인데, 공정 운전에 경험이 없는 사람이 팀장으로 부임한 깜짝 인사였습니다. 전임 부문장님이 울산공장 인사에 대한 쇄신 차원에서 그동안 한 번도 시도하지 않았던 인사를 단행한 것이었지만 여러 사람들이 우려의 목소리를 보냈습니다.

그런데 김 팀장이 부임하자마자 실행한 것이 매일 오후 1시에 담당

공정 청소였습니다. 팀장을 포함한 주간 근무자들 전체가 매일 점심시간이 끝나자마자 조정실 앞에 모여 안전구호를 외친 다음 요일별로 정해진 구간을 돌며 청소하고, 공장의 각종 설비를 점검하는 것이었습니다. 처음엔 한두 달 하다가 그만둘 것이라고 생각하는 사람들도 있었지만 비가 오나 눈이 오나 아랑곳하지 않고 계속된 청소는 김 팀장이 다른 부서로 이동할 때까지 계속되었습니다. 이런 과정에서 다른 공장에 비해 오래된 탓에 낡은 이미지였던 그 공장이 몰라보게 깨끗해졌을 뿐만 아니라 조직 구성원들의 마음가짐도 확연히 달라졌음을 확인했습니다.

언젠가 김 팀장에게 왜 그렇게 청소를 열심히 했는지 그 이유를 물어보았습니다. 그는 공정에 대해 잘 모르는 자기가 안전을 위해서 무엇을 할지 고민하다가, 현장 구석구석을 청소하고 다닌다면 현장의 문제점이 무엇인지 알 수 있겠다고 생각했기 때문이라고 했습니다. 그리고 청소하는 과정에서 구성원들과 친밀도를 높여 서로가 안전에 대한 마음가짐을 새로이 할 수 있을 것이라고 믿었다는 것입니다.

군자는 본바탕과 꾸밈새가 조화롭다

'문질빈빈(文質彬彬)'이라는, 《논어》에 나오는 말이 있습니다. 사람에게는 태어나면서 가지게 되는 본바탕과 살아가면서 채워나가는 꾸밈새가 있습니다. '어느 것이 더 중요할까?'라는 문제에 대해 공자가 이야기한 것입니다.

"공자께서 말씀하시기를, 본바탕이 꾸밈새를 이기면 촌스러워지고, 꾸밈새가 본바탕을 이기면 겉만 번지르르해진다. 본바탕과 꾸밈새가 조화를 이룬 뒤에야 군자라고 할 수 있다.(子曰 質勝文則野 文勝質則史 文質彬彬 然後君子 자왈 질승문즉야 문승질즉사 문질빈빈 연후군자)"

문질빈빈은 외양과 내면이 잘 조화되어야 한다는 교훈대로 여러 가지 측면에서 해석할 수도 있습니다. 예를 들어 일을 할 때 과정이 중요한지 결과가 중요한지 논란이 벌어지지만, 이 두 가지가 조화를 잘 이루는 것이 제대로 된 업무 처리라고 할 수 있습니다. 시스템이 중요한지 콘텐츠가 중요한지에 대한 논의도 같은 차원에서 이해하면 되겠습니다.

인사 전문가가 부문장으로 부임하여 청소가 제일 중요하다고 한 것은 그동안 신규 공장 가동에 전력을 쏟느라 공장 외부 관리가 허술하다는 판단을 내렸기 때문일 것입니다. 생산 경험이 없는 팀장이 생산팀장을 맡아 현장 청소를 직접 하자고 제안한 것도 같은 맥락에서 이해해야 합니다. 현장에서 일하는 동안 그저 매뉴얼대로 하거나 남의 이야기만 듣고 판단하는 것보다 직접 눈으로 보고 귀로 들어야 제대로 된 관리가 될 것이라고 판단했기 때문입니다.

지금 시대는 기업이 지속 가능하기 위해서 반드시 갖추어야 할 조건 중의 하나가 안전입니다. 공정안전관리(PSM, Process Safety Management)의 이행성 점검을 해보면 많이 지적받는 것 중 하나가 가동 전 안전 점검에 대한 기록이 없다는 것입니다. 실제로 했다고는 하지만 시스템에서 했다는 것만 있고 내용이 없으니 믿지 못하는 것입니다. 또 한 가지는 물질안전보건자료(MSDS, Material Safety Data Sheet)에 관한 내용입니다. 몇 년 전 법이 바뀌어 황산의 노출허용 농도가 변경되었는데, 우리가 보관하고 있는 자료에는 이런 것들이 제대로 반영되어 있지 않았습니다. 시스템과 콘텐츠가 제대로 조화를 이루지 못해 생기는 일입니다.

우리 스스로 잘하고 있다고 생각하는 것들조차 다른 시각에서 바라보면 허술하거나 제대로 되어 있지 않는 일들이 너무 많습니다. 우리의 수준을 한 단계 높이려면 지금보다 훨씬 더 많은 노력이 필요하다는 것을 절실히 느낍니다.

이를 위해서는 외모뿐만 아니라 내실을 채워야 하고, 과정과 결과가 조화를 잘 이루어야 하고, 제대로 된 시스템을 만들고 제대로 실천해야 합니다. 즉, 우리가 일을 처리하는 수준이 완벽해지도록 끊임없는 노력을 경주해야 할 것입니다. 문질빈빈의 정신을 마음에 새긴다면 가까운 시일 내에 우리의 수준을 글로벌 최고 수준으로 업그레이드할 수 있고, 이를 통해 우리 후배들에게 좀 더 좋은 환경을 만들어줄 기회가 될 것입니다.

한 방울의 물이
바위를 뚫는다

70년대 포크송 향수를 불러일으켰던 영화 〈쎄시봉〉에는 우리가 아는 주인공인 송창식, 윤형주, 김세환 외에 오근태가 등장합니다. 그는 기타도 칠 줄 모르는 시골 출신이지만 이장희의 권유로 트리오 쎄시봉의 멤버로 합류합니다. 중저음의 매력적인 목소리로 노래 실력은 인정받았지만, 다른 멤버들의 화려한 기타 솜씨에는 주눅이 들고 말지요. 그래서 독학으로 기타를 배우지만 뜻대로 잘 되지 않아 힘들어하는 가운데, 멤버들은 여자 친구들과 해변에서 캠프파이어를 하면서 한여름의 낭만을 즐기는 장면이 나옵니다.

그런데 오근태가 기타 반주를 하며 노래를 부르다가 어느 부분에서 코드를 못 잡아 어물쩍 기타를 안 치고 넘어가는 장면을 보면서 웃음이 저절로 나왔습니다. 왜냐하면 저도 처음 기타를 배울 때 같은 경험을 했기 때문입니다. 기타는 코드를 모르면 연주가 불가능한데 처음에는 기본 코드인 C, D, A 등부터 배우게 됩니다. 동요 같은 쉬운 노래를 연주하면서 배우다가 어느 순간 F 등 조금 복잡한 코드로 넘어가는데, 대부분의 초보들은 F 코드에서 문제가 생깁니다. 기본 코드와는 다르게 왼손으로 코드를 잡기가 쉽지 않기 때문입니다. 저도 F 코드에서 번번이 막히고 다시 시작하곤 했지만 잘 되지 않았습니다.

그런 상태에서 프로 연주가들이 연주하는 모습을 보면 신기에 가까운 손놀림이 그저 신기할 뿐이었습니다. 어떻게 저 복잡한 코드를 모두 외워서 연주하는지 불가사의했지만, 아마 코드를 일일이 기억해서는 그런 연주가 불가능할 것이라고 나름대로 결론을 내린 기억이 있습니다.

회의 때마다 다루는 주요 이슈는 '안전모 턱끈 매기'

얼마 전 중국 전승절 기념 퍼레이드가 열려 전 세계인의 이목을 집중시켰습니다. 특히 우리나라 대통령이 참석하여 여러 가지 정치외교적 해석을 낳았고, 중국은 새로운 현대식 무기를 선보여 세계적인 관심을 불러일으켰습니다. 대규모 퍼레이드를 볼 때마다 신기한 것은 수많은 사람들이 한 치의 오차도 없이 기계처럼 줄을 맞추고 행진하는 모습입니다. 걸을 때 팔과 다리의 각도까지 정확하게 일치시켜 한 사람이 행진하는 듯 보입니다. 요즘은 뜸해진 우리나라 국군의 날 행사에도 군인들이 행진하는 모습을 TV 중계방송으로 지켜보면서 박수를 보냈던 기억이 생생합니다. 아마 열병식 행사를 위해 수개월 동안 해당 부대

군인들이 몸으로 하는 훈련에 훈련을 거듭한 덕분일 것입니다. 우리 머릿속의 생각만으로는 불가능한 일입니다.

요즘은 차를 타면 누구나 안전벨트를 매지만 이렇게 되기까지는 많은 시간이 필요했습니다. 안전벨트를 매지 않으면 단속을 하고 벌금을 부과하는 데도 불구하고 많은 사람들이 상당한 기간 동안 안전벨트를 착용하는 것을 부자연스럽게 느꼈습니다. 그래서 교통사고가 날 때마다 안전벨트를 매지 않아 피해가 커졌다는 사실을 부각하는 뉴스가 집중적으로 보도될 정도였습니다.

이제 앞좌석 탑승자들의 안전벨트 착용은 어느 정도 정착되었지만, 뒷좌석 탑승자들의 안전벨트 착용은 매우 드물다고 합니다. 뒷좌석에 앉은 사람도 안전벨트를 착용하도록 의무화되어 있고, 고속도로나 자동차 전용도로에서는 때때로 단속하기도 합니다. 홍보 활동을 적극적으로 하고 벌금도 물리지만 여전히 뒷좌석의 안전벨트 착용은 뿌리를 내리지 못하고 있습니다. 그렇다면 어떻게 사람들이 차의 앞좌석에 앉으면 누가 말하지 않아도 저절로 안전벨트를 매게 되었을까요?

신입사원 시절 한 달에 한 번 공장의 전 주간 근무자가 모여 안전회의를 했습니다. 회의를 할 때마다 다루는 주요 이슈 가운데 하나는 '안전모 턱끈 매기'였습니다. 당시 많은 사람들이 안전모를 그냥 머리에 걸치는(?) 형태로 사용하는 습관 때문에 머리를 다치는 사고가 종종 발생했습니다. 그래서 공장에 위험예지훈련이 도입되었을 때 주요 지적 사항의 하나가 '안전모 턱끈'이었습니다. 그런데 언제부터인가 안전모를 쓰면 턱끈을 단단히 매는 것이 당연한 일이 되었습니다. 무엇이 구성원들의 행동을 이렇게 변화시켰을까요?

사람이 생각하고 행동하는 것은 뇌의 '생각하는 부분'이 작동한 결과라고 합니다. 그것은 뇌의·가장 바깥쪽에 위치한 대뇌의 영역인데, 우리의 인지활동과 이성적인 사고활동을 담당하고 있습니다. 그렇기 때문에 집중하지 못하거나 과부하가 걸리면 이 영역이 제대로 작용하지 못합니다.

이 경우 위급한 순간이 닥치더라도 이성적인 판단을 하느라 제때 제대로 대처하지 못하게 된다는 뜻입니다. 반면 본능적으로 나타나는 행동은 생각하는 부분, 즉 대뇌의 영역이 아니라 생명과 관련된 신체의 생리작용과 운동신경을 관장하는 소뇌의 영역입니다. 생리본능적인 것들을 관장하는 기저핵 부분이 작동한 결과라고 하며, 이 부분은 뇌의 겉에서 속으로 한참 들어가 귀 뒤쪽에 있다고 합니다.

머리가 아닌 몸으로 비상대응 능력을 기억하라

말콤 글래드웰은 자신의 저서 《아웃라이어》에서 어느 분야에서든 전문가로 인정받으려면 1만 시간의 연습이 필요하다고 했습니다. 끝없는 훈련만이 소위 달인을 만들 수 있다는 이야기지요. 달인이란 머리로 계산해서 행동이 나오는 것이 아니라 어느 상황에서든 몸에 익혔던 행동이 저절로 나오는 사람들입니다. 우리의 행동을 변화시키는 것도 이성적인 판단이 아니라 우리의 몸에 밴 습관입니다. 물이 한 방울씩 계속 떨어지다 보면 결국 바위에 구멍이 나게 마련입니다.

아무리 어려운 기타 코드도 수없이 반복 연습해서 소뇌에 각인되면 어느 순간 필요할 때 저절로 코드를 잡을 수 있게 되는 것입니다. 한 치의 오차도 없는 군인들의 행진도 수많은 반복 훈련을 통하여 머리가 아닌 몸이 기억하게 만든 결과일 뿐입니다. 순간순간 머리로 생각해서 나오는 행동이 아니라, 몸에 익은 행동이 자연스럽게 표출되는 것입니다.

차를 타면 "생명을 지키기 위해 안전벨트를 매야지"라거나, 안전모를 쓰면서 "사고를 예방하기 위해 턱끈을 매야지"라고 생각하면서 하는 행동은 이성의 뇌인 대뇌가 작동한 결과이고, 차를 타거나 안전모를 쓰면서 아무런 생각 없이 안전벨트나 턱끈을 매는 것은 본능적인 뇌인 소뇌가 작동한 결과입니다. 이렇게 본능적인 영역을 담당하는 소뇌에 언제든지 필요한 것을 저장하는 방법은 반복 훈련밖에 없다고 합니다. 반복 훈련이란 누군가의 끝없이 지적으로 인해 몸에 밴 습관입니다. 우리가 지금 안전벨트나 안전모 턱끈을 습관적으로 매는 것은 그동안 언론에서, 그리고 관리자들이 끝없이 지적하고 교육하여 본능적으로 행동하게 만든 결과입니다.

안전을 위해서 중요한 것 중 하나가 위험상황에 대비하여 실시하는 비상 대처 훈련입니다. 실제로 일어날 수도 있는 상황을 설정하고, 그런 일이 발생했을 때 어떻게 행동하고 조치할지에 대한 훈련은 사고의 피해를 최소화하기 위해서 매우 중요합니다.

사고가 발생하면 당황한 나머지 무엇을 어떻게 해야 할지 몰라 우왕좌왕하다가 피해를 키우는 사례를 수시로 볼 수 있습니다. 비상대응능력은 머리로 기억하는 것이 아니라 몸으로 기억할 수 있도록 만들어야 합니다. 머리로 생각하지 않고 몸이 본능적으로 행동하도록 만드는 능력입니다.

현장의 리더들은 구성원들이 머리가 아닌 몸으로 비상대응 능력을 기억할 수 있도록 만들어주어야 합니다. 그것이 그들의 안전을 지키는 지름길입니다.

비상대응 시스템의
구축과 훈련

192명의 목숨을 앗아간 대구 지하철 참사

무더웠던 여름날 외부 회의에 참석한 후 택시를 타고 회사로 돌아오는 길이었습니다. 마침 민방위의 날 민방공훈련 공습경보가 발령되어 차 안에서 15분간 대기하게 되었습니다. 과거에는 매달 15일이면 어김없이 실시했던 민방위의 날 훈련이었는데 어쩐지 오랜만에 하는 경험이라는 생각이 들었습니다. 민방위의 날 훈련 횟수는 수차례 변경되어 지금은 민방공훈련이 연 2회, 방제훈련은 연 4회 실시되고 있다고 합니다. 차 안에서 대기하는 15분은 참 지루했지만, 안전과 관련해 이런저런 생각을 한 덕분에 나름 의미 있는 시간이었습니다.

'비상대응 시스템은 왜 필요하고, 훈련은 왜 해야 하며, 우리는 과연 비상상황에 대한 준비가 얼마나 제대로 되어 있는 것일까?'

일전에 만난 사람이 "모든 사고는 예방할 수 있다는 말이 참일까요, 거짓일까요?"라는 질문을 한 적이 있었습니다. 물론 이론적으로는 모든 사고 예방 체계가 완벽하게 구축되어 있다면 가능할 수도 있습니다. 그러나 모든 사고를 예상하고 완벽한 예방 체계를 갖춘다는 것은 현실적으로 쉽지 않은 일입니다. 이 같은 표현은 사고 예방의 중요성을 강조하기 위함이지, 현실적으로는 불가능하다고 보는 것이 맞을 것입니다. 그렇다면 불가피하게 발생할 수밖에 없는 사고에 대해서 어떻게 미리 대비하고, 또 피해를 최소화할 것인가라는 문제의식을 갖추는 것은 매우 중요합니다.

2003년 발생한 대구 지하철 참사는 영원히 잊지 못할 일입니다. 초기 대응만 잘 이루어졌다면 피해를 크게 줄일 수 있었다는 한탄과 아쉬움이 지금도 가슴 한편에 짙게 남아 있습니다. 단순한 방화 사건으로 끝날 수도 있었던 사고인데, 비상대응 시스템의 부재 및 관련 기관과 인력들의 미흡한 비상대응 능력으로 인해 192명이라는 아까운 사람이 목숨을 잃고 말았으니까요. 만약 비상대응 시스템이 갖춰져 있었고 평소 교육 훈련이 제대로 이루어졌다면 결과는 어땠을까요? 소중한 192명의 목숨을 앗아간 이 사고는 철저한 비상대응 시스템의 구축과 운용만이 피해를 최소한으로 줄일 수 있음을 극명하게 보여준 사례입니다.

이웃 나라 일본을 보면 시민은 물론 어린 학생들까지도 철저한 훈련을 통해 지진에 대한 경각심이 일상에 배어 있습니다. 지진 발생 시 행동 수칙 매뉴얼 정도는 공공생활의 필수 지식으로 몸으로 체득한 상태이며, 심지어는 응급처치술까지도 정기적으로 익히고 있다고 합니다.

비록 2011년 최대 규모의 지진 발생과 쓰나미에 의해 2만 명 이상이 희생되었으나 그들의 침착한 대응은 전 세계를 놀라게 하는 것을 넘어 경악게 했습니다. 과연 이런 규모의 재해가 우리나라에서 발생했다면 어떻게 되었을까요?

안전훈련을 지속적이고 반복적으로 실시

석유화학공장에 30년을 몸담는 동안 사업장에서의 사고 사례는 직접 경험한 것만도 셀 수 없이 많습니다. 비상대응 시스템이 제대로 갖춰져 있지 못하던 시절에는 사고가 나면 공장 근무자들이 모두 사고 현장으로 달려나가 어떻게 해야 할지 모른 채 우왕좌왕했던 적도 있습니다. 소방용수가 부족해 화재 현장에 제대로 물을 살포할 수 없을 때는 그저 발만 동동 굴렀습니다. 초기에 제대로 대응하지 못해 바다에 누출된 기름을 회수하기 위해 엄청난 인력이 동원된 적도 있었습니다. 그래도 다행스럽게 전 구성원이 일치단결해 공장을 지키고 피해를 최소화하려고 노력했기에 무사히 위기를 넘길 수 있었습니다.

지금은 거의 모든 사업장 또는 기관에서 비상대응 시스템을 갖추고 주기적으로 비상훈련도 실시하고 있기 때문에 과거와 같은 상황은 분명 아닙니다. 그러나 언제 발생할지 모르는 예기치 못한 사고에 대비하여 항상 긴장 상태를 유지하면서 비상대응 시스템을 지속적으로 개선, 보완해나가야 할 것입니다. 그러면 비상대응 시스템은 어떻게 구축하고 훈련해야 하는지 몇 가지 사례들을 통해 살펴보겠습니다.

먼저 사업장에서 취급하는 화학물질 및 공정에 대한 위험성을 고려한 비상대응 시스템을 갖추어야 합니다. 2013년 4월 미국 텍사스 비료 공장의 화재폭발사고로 인해 사망자 15명과 부상자 200여 명이 발생했습니다. 물과 접촉하면 폭발하는 무수암모니아가 누출된 상황에서 화재 진압을 위해 물을 뿌려 2차 폭발이 발생함으로써 피해가 확산되었다고 추정하고 있습니다.

비상대응 시스템에 포함되어야 하는 주요 요소들을 꼽자면, 먼저 비상대응을 위한 조직 체계를 갖추고, 각 조직의 역할과 책임이 명확히 규명되어야 합니다.

다음으로는 비상대응을 위한 절차를 체계적으로 갖추어야 합니다. 절차 가운데 화재폭발, 독성가스 누출, 오일 누출, 태풍/폭우, 지진, 정전 등 사고 유형에 따라 신고, 초기 대응, 작업 중단, 경보, 비상연락 등에 대한 명확한 정의가 필수적입니다. 또한 발생 가능한 모든 비상상황에 대해 피해 범위를 분석한 정량적 위험성 평가 결과를 반영한 시나리오를 준비해야 합니다.

비상대응을 위한 설비도 확보하고 점검해야 합니다. 누출감지설비, 경보설비, 소방설비, 긴급차단밸브 등 사고를 조기에 발견하고 즉각적으로 대응할 수 있는 설비들을 적절히 설치하고 관리해야 합니다. 평소에 자주 사용하지 않는 설비는 주기적인 테스트를 통해 정상 상태를 유지해야 합니다. 자체 장비와 인력만으로 비상대응이 곤란한 경우도 있으므로 지역 소방서 등 외부와의 협조 체계의 구축도 필요합니다.

체계적인 비상대응 시스템이 구축되었다 하더라도 가장 중요한 것은 평상시 꾸준한 교육 훈련을 지속적이고 반복적으로 실시하는 것입니다. 훈련 결과는 모든 조직과 공유하고, 개선 사항이 있을 경우 반드시 반영하여야 합니다. 만약 실제 상황이 발생했을 때 사고의 특징 및 영향을 이해한 다음 평상시 훈련한 대로 시나리오에 따라 침착하게 대응한다면 피해를 최소화하고 사고를 안전하게 마무리할 수 있을 것입니다.

최근 국내에서 발생한 여러 건의 화학물질 누출사고로 인해 화학물질관리법률이 대폭 강화되었고 시행령, 시행규칙 개정작업이 진행되는 중입니다. 앞으로 화학사고가 발생하고 중대한 과실이 있을 경우 막대한 과징금을 지불해야 하고, 사고로 인해 발생할 수 있는 장외영향평가도 실시해야 합니다. 그뿐만 아니라 화학물질등록및평가에관한법률이 새롭게 제정되어, 신규 또는 기존 사용 중인 화학물질에 대해 유해성 및 위해성 자료 제출도 의무화되었습니다.

이렇게 강화되는 법적 규제를 충족하기 위해서는 우리의 비상대응 시스템이 더욱 강화되어야 함은 불문가지입니다. 그러나 법적 의무의 이행 이전에 나 자신과 동료 그리고 시민들을 보호하기 위해서 자발적인 비상대응 시스템 구축 및 훈련의 강화가 필요하다고 생각합니다.

앞으로 우리 사회 전반에서 비상대응 실패로 인해 대량의 인명 피해가 발생되는 일이 없기를 간절히 기원해봅니다.

문제가 쌓이면 대형사고가
일어난다

　메르스가 진정 기미에 들었다고는 하나 완전히 종식되었음을 공식적으로 선언하는 데는 아직 시간이 필요하다는 뉴스를 보았습니다. 호텔에 근무하는 지인으로부터 들은 이야기에서 메르스가 가져온 파장을 다시 한 번 실감할 수 있었습니다. 울산도 예외는 아니지만 서울, 특히 관광업에 종사하는 분들은 이루 말할 수 없는 타격을 입었다고 합니다. 그 많던 중국인 관광객들이 썰물처럼 사라지니까 관광버스로 꽉 차던 호텔의 주차장이 텅 비어 있고, 시장처럼 붐비던 면세점에는 손님보다 종업원이 더 많은 기현상이 벌어지고 있다고 합니다.

　메르스가 진정세로 접어들었다는 조심스러운 보도가 나오면서 언론에서는 '～ 했더라면'라는 식의 뒷북치기 기사가 나오기 시작했습니다. 예를 들어 처음부터 정보 공개를 했더라면 이렇게까지 혼란스럽지는 않았을 것이다, 의료 쇼핑이라는 이야기가 나올 정도로 환자가 이 병원 저 병원으로 다니지 않았더라면 이렇게 확산되지는 않았을 것이다 등등.

우리나라의 메르스 확산은 전 세계의 뉴스거리

우리나라의 메르스 확산은 전 세계적인 뉴스거리가 되어 CNN 뉴스를 보면 사망자 숫자와 새로 발생한 환자 수, 그리고 격리자 수가 실시간으로 보도될 정도였습니다. 영어 공부 겸해서 자주 보는 ABC 뉴스에서도 메르스를 다룬 기사를 보았습니다. 기사 내용은 메르스에 대한 설명과 한국에서 확산된 경로, 그리고 미국 의료계가 긴장해야 한다는 그런 내용이었습니다. 세계적으로 비중동 국가 가운데 메르스 감염 환자가 발생한 나라는 16개국이지만 이렇게 대규모로 확산된 케이스는 한국이 처음이라는 것입니다. 이렇게 확산된 것은 확진까지 9일이나 걸렸고, 그 사이에 첫 번째 환자가 20여 명에게 감염시킨 탓이라는 게 ABC 뉴스의 주요 내용이었습니다.

이 뉴스를 전달하는 기자의 첫마디는 이러했습니다.

'오늘 한국 당국은 메르스로 10번째 사망자가 발생했다고 발표했습니다.(South Korea has just announced today that the tenth person has now died from MERS.)'

이 기사의 문장에서 '~로 죽다'라는 영어 표현은 'die of ~' 또는 'die from ~'을 사용할 수 있는데 'of'를 사용하는 것과 'from'을 사용하는 것에는 의미의 차이가 있다고 합니다. 즉, 'die of'은 불가피한 상황으로 죽는 경우, 'die from'은 죽음을 피할 수 있었는데 사고 등 부주의로 죽는 경우에 사용한다고 합니다. die of disease, hunger, old age와 같이 질병이나 굶주림, 노환으로 죽는 경우의 표현과, die from accident와 같이 사고로 죽는 경우의 표현은 전치사가 다릅니다. 그런데 미국 기자가 메르스로 10번째 환자가 사망했다는 표현에서 질병으로 인한 사망인데도 불구하고 'from'이라는 전치사를 사용한 것은 사고로, 즉 부주의로 인한 사망이라는 뉘앙스를 전달하고자 함이었습니다. 그러면서 이어진 기사는 메르스가 확산된 원인과 함께, 충분히 막을 수 있었다는 점을 강조하는 내용이었습니다.

오래전 프랑스 파리로 처음 출장 갔을 때, 업무차 들렀던 회사에서 점심을 제공했습니다. 회의실 같은 공간에 자리 잡은 자그마한 식탁 위에 점심이 준비되어 있는 장소로 데리고 갔습니다. 식탁 옆 큰 테이블에는 수많은 종류의 치즈가 놓여 있었고, 초청한 프랑스 회사의 관계자는 저희들에게 입맛에 맞는 치즈를 골라 접시에 담아 먹으라고 했습니다.

치즈는 평소에 잘 대하지 못한 음식이기도 했지만, 종류가 너무나 많아 도대체 무엇을 골라야 할지 난감했습니다. 곰팡이가 핀 것처럼 푸른빛이 도는 치즈, 참기 힘들 정도로 냄새가 고약한 치즈, 총알을 맞은 듯 가운데에 구멍이 숭숭 뚫려 있는 치즈 등 하나같이 처음 대하는 것들이었습니다. 어떤 치즈를 먹었는지 기억나지 않지만 구멍이 숭숭 뚫려 있는 치즈만 기억에 남아 있었습니다. 그런데 그 구멍 뚫린 치즈가 스위스 치즈라는 것을 알게 된 것은 최근의 일입니다.

사고 원인을 조사할 때 널리 사용되는 것 중의 하나가 스위스 치즈 모델 기법입니다. 영국의 심리학자 제임스 리즌(James Reason)이 발표한 이 이론은, 사고는 단 한 가지 원인이 아니라 여러 가지 잠재 요인들이 숨어 있다가 동시에 드러날 때 크게 일어난다는 이론입니다. 즉 구멍이 숭숭 뚫린 스위스 치즈를 몇 개 겹쳐놓고 첫 번째 치즈 표면에 빛을 비추었을 때, 마지막 치즈로 빛이 통과된다면 빛이 각 치즈에 뚫린 구멍을 모두 통과했다는 뜻입니다.

마찬가지로 사고를 방지할 수 있는 시스템을 잘 갖추었다면, 설사 한두 개의 시스템이 잘못되더라도 대형사고로까지 이어지지는 않습니다. 만약 모든 시스템에 문제가 있다면 언젠가는 대형사고가 일어날 수밖에 없습니다.

Do

2장

안전경영을
실행하라

거시기할 때까지
거시기해불자!

서양은 대상에, 동양은 관계에 관심이 많다

2003년에 개봉되어 히트를 친 영화 〈황산벌〉의 포스터에는 "아쌀하게 거시기해불 것입니다!"라는 카피가 있습니다. 영화에서 백제군끼리 전투를 앞두고 비장한 각오로 "거시기할 때까지 거시기해불자!"라고 하지만 신라군의 스파이들은 대체 무슨 말인지 몰라 어쩔 줄 몰라 하던 장면이 눈에 선합니다. "승리할 때까지 끝까지 싸우자"라는 말을 이렇게 표현했으니 '거시기'가 무슨 뜻인지 모르는 신라군들에겐 당연한 일입니다.

'거시기' 같은 표현은 상황이나 문맥에 따라 여러 가지 의미로 통용되는 말입니다. 애매모호한 상황에서나 굳이 말이 필요 없는 사이끼리는 이심전심으로 주고받는 표현입니다. 오랫동안 같은 생활 환경에서 살았고, 또 남다른 친분을 유지했던 사람들끼리는 이렇게 이야기해도 서로가 이해할 수 있습니다. 전후 상황과 앞뒤 문맥을 짚어보면 말하는 사람의 의도를 알아차릴 수 있기 때문입니다. 그러나 다른 문화권에서 온 사람들은 도저히 이해가 불가능합니다.

미시간대학교 심리학 교수인 리처드 니스벳(Richard Nisbett)은 자신의 책《생각의 지도》에서 동양인과 서양인이 세상을 보는 시각의 차이가 왜 생기는지에 대해 설명했습니다.

다양한 실험을 통해 동서양의 여러 가지 인식 차이를 설명한 이 책의 내용 가운데 '동사를 통해 세상을 보는 동양과 명사를 통해 세상을 보는 서양'이란 부분이 있습니다. 서양은 사물에 보다 관심이 높은 반면, 동양은 관계에 관심이 많다고 합니다. 그래서 동양(연구에서는 주로 한국과 중국, 일본이 중심임)의 언어는 주로 맥락에 의존하며, 단어는 대개 여러 의미를 가지고 있어 문맥에 따라 다른 의미로 해석됩니다. 그러나 영어는 단어가 매우 제한적이고, 일반적으로 영어 사용자들은 단어를 사용할 때 맥락의 도움 없이 이해될 수 있도록 주의를 기울인다고 합니다.

많은 언어인류학자들의 연구 결과에 따르면 서양의 언어는 맥락보다는 '대상'에 초점을 맞추는 반면, 동양의 언어는 주제 중심적입니다. 서양인들은 행위의 주체가 자기 자신이지만, 동양인에게 행위란 다른 사람들과의 교감을 통해 발생하거나 주어진 상황에 자신이 적응한 결과라고 생각한다는 것입니다. 결국 이런 차이가 동서양 사람 사이에서 커뮤니케이션에 영향을 줄 뿐만 아니라 문화의 충돌이 생기는 원인 중의 하나가 된다고 합니다.

문화인류학자인 에드워드 홀(Edward Hall)은 소통 방식에 따라 고맥락 문화와 저맥락 문화로 구분했습니다. 고맥락 문화는 기존 문맥이나 맥락을 알지 못하면 말의 뜻을 이해하기 어려운 문화권을 지칭합니다. 이런 문화는 주로 농경사회로부터 출발한 문화권(동양권)이나 상하관계가 명확한 조직에서 많이 나타난다고 합니다.

　군대 생활을 되돌아보면 이런 일이 많았다는 것을 알 수 있습니다. 예를 들면 군대 선임병이 후임병을 야단칠 때 흔히 "눈치껏 하란 말이야. 꼭 말로 해야 알아듣겠나?"라는 표현을 자주 사용합니다. 같은 맥락으로 사회생활에서도 "분위기 파악 좀 하라고. 지금이 어떤 상황인데 그렇게 처신하나?"라는 표현을 일상적인 언어로 자주 사용합니다. 도무지 무슨 말인지를 모르겠는데 물어볼 수도 없습니다. 이런 고맥락 문화의 사람들은 속마음을 잘 드러내지 않으려는 경향이 있고, 의사소통에서도 말하는 사람이 중심이 됩니다.

　한편 저맥락 문화는 제품설명서처럼 듣는 사람 중심으로 자세히 설명하기 때문에 말의 뜻이 분명하게 이해되는 문화권입니다. 동서양의 언어문화를 비교한다는 차원에서는 리처드 니스벳 교수의 연구 결과와 일맥상통합니다.

눈치문화를 뛰어넘는 안전문화 시스템을 구축

　그런데 전통적으로 고맥락 문화권인 우리 사회가 산업사회로 바뀌면서 점점 저맥락 문화로 바뀌어가고 있습니다. 이러한 변화 과정에서

두 문화권이 혼재하게 되면 당연히 소통에 문제가 생기게 마련입니다. 상대적으로 기성세대는 고맥락 문화의 영향이 남아 있는 반면, 젊은 세대는 점점 저맥락 문화에 익숙해지고 있는 게 현실입니다. 기성세대는 젊은 사람들이 말귀를 못 알아듣는다는 불만을 가지게 되고, 젊은 사람들은 기성세대가 도대체 무엇을 말하고자 하는지 모르겠다고 불평합니다.

2013년 7월 아시아나항공기가 샌프란시스코공항에 착륙하는 과정에서 사고가 났을 때, 미국 언론들이 조종실에서의 의사소통 문제를 원인의 한 부분인 것처럼 보도했습니다.

미국의 경제 전문 방송 CNBC 인터넷 판은 사고 발생 다음 날 "한국 항공사가 이미 여러 차례 안전 문제를 겪었음에도 다시 큰 사고를 낸 것은 한국 문화의 권위주의와 위계질서 때문이다"라고 보도했습니다. 매사추세츠공과대학(MIT) 슬론경영대학원의 토머스 코챈(Thomas Kochan) 교수는 "한국 문화는 윗사람에 대한 존경심과 위계질서라는 특성을 갖고 있다"라며, "이 두 가지가 결합할 경우 의사소통은 일방적으로 흐를 수밖에 없다"라고 말했습니다. 한국 조종사 사이에서는 위험한 상황이 발생해도 위계질서 때문에 제대로 의사소통이 이뤄지지 않는다는 지적입니다.

CNBC는 또한 존댓말을 사용하는 한국의 언어 구조도 항공 사고의 원인이 된다고 주장했습니다. 부기장이 기장에게 더 많은 단어와 완곡한 표현을 사용하다 보니 분초를 다투는 조종사 간 대화가 비효율적으로 흐르는 원인이 되었다는 것입니다. CNBC는 지난 1997년 대한항공의 괌 추락사고도 조종사 간 의사소통이 문제였음을 예로 들며, 이 사고 이후로 대한항공은 조종사가 기내에서는 모두 영어를 쓰도록 조치를 취했다고 전했습니다.

사실 우리에겐 뼈아픈 지적이지만 위급한 상황에서도 상사에게 직접적으로 정확하게 의사 표현하는 것을 부담스럽게 느끼는 문화가 우리에게 있다는 것은 인정하지 않을 수 없습니다. 실제로 이런 사례를 생산 현장에서 직접 경험한 적도 있습니다. 설비의 정비작업 후 다시 재가동하는 과정에서는 고도의 집중력과 순간 판단력이 필요하기 때문에 정상 운전 시보다 인력도 더 많이 투입합니다. 그런데 후배 사원들이 선배들의 잘못을 바로 지적하지 못하고 말을 빙빙 둘러대는 바람에 결국 재가동했던 공장을 다시 정지시킨 적이 있었습니다. 후배의 말뜻을 몰랐던 선배가 자신의 잘못이 무엇인지를 파악하지 못했기 때문에 빚어진 일이었습니다.

사고의 적절한 예방과 대처를 위해서는 정확한 의사소통이 무엇보다 중요한 요소임은 자명한 사실이지만 우리에게 남아 있는 눈치문화는 이를 방해할 수도 있습니다. 그러므로 이런 눈치문화를 뛰어넘을 수 있는 안전문화 시스템의 구축이 무엇보다 중요하다는 사실을 다시 한 번 강조하고 싶습니다.

모든 사고에는
시그널이 있다

　일반적인 질환 중에서 어떤 것들은 사전징후가 뚜렷해 조기 진단과 초기 치료로 쉽게 완치하는 경우가 많습니다. 그런데 어떤 질환들은 어느 날 갑자기 찾아와 곤혹스럽게 만들거나, 황망하게 목숨을 앗아가는 경우도 주위에서 심심치 않게 볼 수 있습니다.

　암이 바로 뜬금없이 찾아오는 불청객처럼 반갑지 않은 질환입니다. 몇 년 전 유명한 여배우가 갑자기 위암 말기 판정을 받아 목숨을 잃는 일이 보도되어 많은 사람들을 안타깝게 한 적도 있습니다.

　일반적으로 암은 사전징후가 뚜렷하지 않기 때문에 전문가들은 암을 예방하는 방법 중의 하나로 정기검진을 빠지지 말고 받으라고 권유합니다. 사실 암의 경우 조기 발견이 가장 효과적인 치료 방법이기 때문입니다.

수술 후 조직검사 결과 신장암으로 판정

2005년, 정기 신체검사 시 그동안 한 번도 받지 않았던 복부 CT 검사를 받았습니다. 평소에 속이 거북하고 왠지 편하게 느껴지지 않았기 때문에 자청을 했습니다. 사실 이전까지는 건강검진을 하면 매년 체중을 줄이고 술을 줄이라는 정도의 처방을 받아 아직까지는 괜찮다고 스스로 위로하면서 지나갈 수 있었습니다.

그런데 건강검진을 받고 일주일쯤 지나고 나서 병원에서 전화가 왔습니다. 내용인즉슨 CT 검사 결과 왼쪽 콩팥에 무엇인가 있는 것이 보이는데 크게 걱정할 일은 아니지만 병원에 와서 전문의에게 상담을 받아보라는 것이었습니다. 찜찜한 기분과 귀찮은 생각이 동시에 떠올랐지만 약속을 하고 병원을 찾았습니다. 담당 비뇨기과 전문의는 비교적 젊은 의사로 CT 필름을 훑어보더니 콩팥에 혹 같은 게 있지만 별것 아니니 치료도 필요 없다고 단언했습니다. 그러고는 내년 정기검사 때 다시 CT 검사를 해 혹의 크기가 변하는지 보자고 했습니다. 사실 매년 복부초음파를 하면서 콩팥에 물혹이 몇 개 있다는 검사 결과를 수차례 들은 경험이 있기 때문에 안심하고 회사로 돌아왔습니다.

그런데 며칠 후 종합검진을 담당하는 원장님으로부터 다시 전화가 왔습니다. 전문의의 진단 결과가 무엇이냐고 물어보기에 상담 결과를 들은 대로 이야기했습니다. 그런데 자신 생각에는 이런 것이 발견되면 수술해서 없애는 것이 좋을 것 같다면서 바로 수술을 권유했습니다. 순간적으로 당황스러워 그냥 알겠다고 하고서 전화를 끊었습니다. 해당 분야의 전문의는 아무것도 아니라는데 다른 분야의 의사가 수술을 권하니 복잡한 생각이 들었습니다. 다른 병원에 가서 다시 한 번 검사를 받아야겠다고 마음먹고 수소문하여 이 분야의 전문의를 찾아 예약을 했습니다. 그런데 그때까지도 제 마음속에는 괜한 짓을 한다는 생각이 떠나질 않아 연말의 여러 가지 일들을 핑계로 어렵게 잡은 진료 예약 날짜를 다음 해로 미루었습니다.

건강검진을 한 후 3개월이 지나서야 예약한 전문의를 만났는데 CT 필름을 보지마자 다른 말을 일절 하지 않은 채, 밖에서 기다리면 나른 의사 선생님이 부를 테니까 대기하고 있으라는 것이었습니다. 순간 불길한 생각이 들었고, 온몸으로 긴장감이 밀려왔습니다.

한참 지난 후 의사를 만났는데 첫마디가 검사가 많이 필요하니 지금부터 일정을 잡자는 것이었습니다. 왜 그러냐고 물었더니, 수술하고 조직검사를 하면 확정되겠지만 CT 필름을 봐서는 99% 암이라는 것이었습니다. 얼마나 놀라고 당황스러웠는지 지금 생각해도 그 순간이 뇌리에서 생생하게 되살아납니다. 황망해하는 제게 어떻게 CT 검사를 받게 되었느냐면서, 이렇게 초기 상태에서 발견했으니 재수 좋다는 말을 몇 번이나 되풀이했습니다.

결국 다음 달 수술을 받게 되었고, 떼어낸 부위에 대한 조직검사 결과 신장암으로 판정되었습니다. 다행히 워낙 초기 상태라 수술 후 다른 치료를 받지 않아도 될 정도로 경과가 좋았습니다. 병원에 입원해 있는 동안 만난 많은 신장암 환자들이 수술 후에도 후속 치료를 받느라 고생하는 모습을 보면서, 나는 정말 운이 좋았노라고 스스로 위로했습니다.

작은 신호라도 읽어내 큰 사고에 대비하는 조직

수술 후 일상으로 다시 돌아와, 제게 수술을 권했던 종합검진센터 원장님께 전화로 그동안의 경과를 말씀드리면서 진정으로 감사의 인사를 전했습니다. 은퇴를 앞두고 있다는 원장님은 이렇게 말했습니다.

"내 전문 분야는 아니었지만, CT 필름에 보이는 조그만 점이 계속 마음에 걸렸습니다. 왠지 무엇인가 있을 것 같은 느낌이 들었으니까요. 수술이 잘되었다니 정말 다행입니다."

중국의 명의 편작이 제나라 환후를 만났을 때 피부에 질병이 있으니 빨리 치료하지 않으면 심해질 것이라고 말했습니다. 그러자 환후는 편작이 자신의 명성을 빙자해 멀쩡한 자기를 환자 취급한다며, 자신은 병이 없다고 했습니다. 10일 후 다시 환후를 만났을 때 편작은 살 속에 질병이 있으니 빨리 치료해야 한다고 권했으나 이 역시 무시당했습니다. 다시 10일이 지난 후에는 질병이 장과 위까지 옮겨가 위중하다고 했으나 끝내 말을 귀담아듣지 않았습니다. 그로부터 10일 후 편작이 다시 환후를 만났을 때는 아무 말 없이 그 자리를 떠나버렸습니다. 이상하게 여긴 환후가 사람을 보내 왜 말없이 가버렸는지 물어보았습니다. 편작이 대답했습니다.

"병이 피부에 있을 때는 찜질로 치료할 수 있고, 살 속에 있을 때는 침으로 치료할 수 있으며, 장과 위에 있을 때는 약을 복용하면 되지만, 골수로 퍼지면 다른 방법이 없습니다. 환후의 병은 이미 골수에 있어 말씀드리지 않은 것입니다."

모든 사고에는 반드시 징조(signal)가 있습니다. 그러나 그 신호의 크기가 초기에는 매우 작아 보통 사람들은 잘 인지하지 못합니다. 초기에 작은 신호라도 읽어내 큰 사고에 대비하는 조직이 강한 기업이 될 수 있습니다. 똑같은 CT 필름을 보고도 경험이 적은 전문의는 아무것도 보지 못했지만, 경험이 많은 의사는 큰 문제점을 읽어낼 줄 알았습니다. 편작은 조그만 신호를 보고 치료가 필요하다고 했지만, 환후는 조그만 신호를 무시하다가 결국 목숨을 잃고 말았습니다.

미래학자들이 미래를 예측하는 여러 가지 방법 중의 하나가 변화를 알리는 약한 신호(Weak Signal)를 찾아 해석하는 것입니다. 몇 년 전 OECD의 화학사고 예방분과에서 화학공장에서의 사고를 예방하기 위한 광범위한 국제적인 프로젝트를 진행했습니다. 거기서 내린 결론 가운데 하나가 강한 기업들, 즉 사고를 잘 예방하는 기업들의 특징 중 하나는 약한 신호에 민감하게 대응한다는 것입니다.

사고가 일어날 수 있는 상황이었지만 직접적인 사고로 이어지지 않은 경우를 '아차사고'라고 표현합니다. 우리가 흔히 "큰일 날 뻔했다"라고 표현하는 상황이 바로 '아차사고'입니다. '아차사고'가 발생하면 실제 사고가 난 것과 같은 차원에서 원인을 조사하고 대책을 수립하는 것이 큰 사고를 예방하는 지름길입니다. '아차사고'는 큰 사고의 징조를 알리는 일종의 약한 신호이기 때문입니다.

무지는 재앙의
씨앗이다

법 없이도 살 사람, 법 없이는 못 살 사람

오래전 한 모임에서 잘 아는 분이 어떤 사람을 소개하면서 "이분은 법이 없으면 못 사는 사람입니다"라고 말하는 바람에 잠시 어리둥절했던 적이 있습니다. 우리는 보통 착하고 양심적인 사람을 빗대 "법 없이도 살 사람"이라는 말을 즐겨 쓰는데, 이 말은 처음 듣는 생소한 표현이었으니까요. 그런 제 표정을 보더니 재미있다는 듯이 웃으면서 말했습니다.

"요즘 얼마나 살벌한 세상입니까? 눈 뜨고 코 베이는 세상이라 각자 눈치껏 요령껏 처신해야 피해입지 않고 살아갈 수 있잖아요. 이분은 이렇게 험한 세상에서 법의 보호를 받아야 살아갈 수 있을 만큼 착한 사람이라는 뜻입니다."

그제야 그분이 반어법을 사용해 재미있게 소개했다는 사실을 알고는 한바탕 웃어넘긴 적이 있습니다. 법이 없어도 살 수 있든 법이 있어야 살 수 있든, 새삼 중요한 사실은 세상을 살아가는 데 기본적으로 법을 알아야 한다는 것입니다.

보통 사람들은 살아가는 동안 법에 대해 신경 쓰지 않아도 별로 불편한 게 없습니다. 교통법규 등 실생활과 밀접한 부분에만 관심이 있을 뿐, 자신과 직접 관련이 없는 법에 대해서는 무관심합니다. 회사 생활을 하면서도 업무와 관련된 법규를 잘 알아야 하지만, 과거에는 법은 도외시한 채 그저 일만 열심히 했으니까요. 업무 중에 만약 법적인 문제가 생기면, 그제야 법전을 뒤지거나 전문가에게 물어보는 등 법석을 떨지만 시간이 지나가면 금방 잊어버리곤 했습니다.

지금 생각해보면 말도 안 되는 소리 같지만, 1980년대만 하더라도 현장을 책임지고 있는 팀장들조차도 법에 대한 개념이 부족했습니다. 그래서 외부 기관에서 점검만 오면 법 위반 사항이 줄줄이 나와 벌금이나 과태료 처분을 받는 게 다반사였습니다. 게다가 회사 차원에서도 책임을 묻지 않으니까 시간이 지나면 언제 그랬느냐는 듯이 까맣게 잊어버리는 그런 시절이었습니다.

현장 곳곳에는 사전에 신고하거나 허가받는 등 적법한 절차를 지키지 않은 불법 건축물이 한둘이 아니었습니다. 공정의 처리량을 증대시키면서 제때 허가를 받지 않아 소방서에서 점검을 오면 문제 되는 일이 수시로 발생했습니다. 그럴 때마다 안전환경 담당 조직은 이를 수습하느라 동분서주했습니다. 그런데 정작 문제가 발생한 조직은 무엇이 잘못되었는지조차 모른 채 근본적인 조치 없이 넘어가기 일쑤였습니다. 한마디로 무식하고 용감한 시절이었습니다.

한편 이런 일도 있었습니다. 2012년경 환경부가 허가되지 않은 물질이 포함된 폐수를 방류한 기업의 명단을 전격적으로 발표한 적이 있었습니다. 여기에 포함된 기업들은 폐수를 몰래 버린 악덕 기업처럼 비쳐서 한바탕 소동이 났습니다. 그런데 내용을 자세히 보니까 공장의 최종방류수 규격은 법으로 정해져 있을 뿐만 아니라, 생화학적산소요구량(BOD, Biochemical Oxygen Demand) 등 법적 규제 항목은 실시간으로 그 수치가 환경부나 지방자치단체에 송신되고 있을 정도로 엄격하게 관리되고 있습니다. 그래서 공장 밖으로 나가는 폐수는 법적으로 전혀 문제가 없습니다.

그런데 폐수처리장에서 처리하는 유입폐수에 포함된 물질은 어떤 것이 있는지를 사전에 환경부에 신고해야 하는데, 공장을 처음 건설할 때 신고하고 나면 평상시에는 잘 관리를 하지 않게 됩니다. 최종방류수에 대해서는 신경을 많이 쓰지만 폐수 중의 물질은 한번 정해지고 나면 특별한 일이 없는 한 달라지지 않기 때문입니다. 그런데 화학공장에서 새로운 원료를 도입하거나 새로운 첨가제나 촉매를 사용하는 경우 예상치 못한 물질이 폐수 속에 포함될 가능성이 높습니다. 그런데도 지금까지 그런 곳까지 신경을 쓰지 않았고, 또 그런 조항이 있는지도 잘 모르는 기업이 대부분이었습니다. 업무와 관련한 법 규정에 대해 정확히 모르고 있었던 것입니다.

2013년 4월 IChemE이라는 단체가 주최하는 안전공정 관련 콘퍼런스에 기조연설자로 초청받아 말레이시아를 방문했을 때였습니다. 둘째 날 기조연설을 마치고 쌓였던 긴장을 풀려고 호텔 방으로 돌아와 TV를 틀었더니 CNN에서 긴급 뉴스를 방송하고 있었습니다. 미국 텍사스 주 어느 공장에서 대규모 폭발사고가 일어난 현장을 중계방송하듯이 보여주고 있었습니다. 안전 관련 콘퍼런스에 왔는데 폭발사고 현장을 보고 있자니 묘한 기분이 들면서 어떤 사고인지 궁금했습니다.

나중에 알고 보니 사고가 난 곳은 비료 공장이었는데, 무수암모니아와 질산을 반응시켜 질산암모늄을 만드는 공장이었습니다. 최초 화재가 발생한 곳은 무수암모니아를 보관하는 창고였습니다. 작은 화재에 이어 발생한 큰 폭발의 충격이 지진 강도 2.1에 해당할 정도였고, 주민들에게 긴급대피령을 내렸다고 합니다.

무수암모니아는 물과 반응하면 폭발하는 성질이 있는데, 최초 진화 시 자체 소방대원들이 물로 진화를 시도하다가 더 큰 폭발을 유도한 것이었습니다. 공장이 주택가와 인접한 탓에 폭발사고로 인한 피해가 더욱 커졌습니다. 소방관을 포함하여 15명이 목숨을 잃었고, 170여 명이 부상당하는 피해를 입었습니다.

미국 화학사고조사위원회 홈페이지에 들어가 보면, 아직도 조사 중인 이 사고는 최초 화재의 원인을 찾고 있다고 합니다. 화재 진압 시 물을 사용하면 안 되는 일반적인 경우에 대해서는 비교적 잘 알고 있습니다. 그런데 잘 알려지지 않은 특정 물질까지 자세히 알지 못하면 더 큰 재앙을 일으킬 수 있다는 사실을 새삼 일깨워준 사고였습니다.

공정사고가 많았던 2011년의 사고 분석 내용을 보면 기준이나 절차를 지키지 않은 사고도 있었지만, 설비의 특성을 정확히 알지 못했거나 공정의 설계 개념을 정확히 모르고 운전해서 일어난 사고가 매우 많았던 것으로 나타났습니다. 과거에 일어났던 사고의 사례를 살펴보면 업무 능력 부족에 기인한 경우가 많다는 사실을 확인할 수 있습니다. 예를 들어 2009년에 일어났던 중질유 분해공장 사고는 용접봉의 재질을 잘못 선정해서 일어났고, 2012년 제1 FCC 공장 사고는 촉매 선정과 처리량, 처리 기간 등 운전 가혹도에 영향을 주는 인자들에 대해 정확히 알지 못했기 때문에 일어났던 사고입니다. 원천적으로는 반응기 형태를 선정할 때 우리의 기술력이 부족해서 최적의 선택을 하지 못했기 때문이기도 합니다.

다른 분야도 마찬가지지만 특히 안전과 환경 분야는 필요한 지식을 갖추지 않으면 언제든지 대형사고로 이어질 수 있습니다. 잘 모른다는 것은 재앙의 씨앗입니다.

변화를 거부하는
관성의 힘

작은 변화조차 거부하는 식당 주인의 태도에 당황

88서울올림픽 개최가 확정된 후, 올림픽을 대비해서 경기장 건설과 도로 정비 등 하드웨어 준비에 박차를 가했습니다. 그리고 우리나라를 방문하는 외국인에게 좋은 인상을 주기 위해 우리의 후진적인 문화와 생활 환경을 개선하자는 캠페인을 범국가적으로 펼쳤던 기억이 남아 있습니다. 그 가운데 하나가 바로 식당의 청결과 바가지요금의 문제를 개선하자는 것이었습니다.

올림픽 개막일을 얼마 앞두고 여의도 본사 출장길에 겪었던 경험담입니다. 당시는 지금처럼 대중교통편이 좋지 않아, 한나절 회의에 참석할지라도 본사 출장은 1박2일이 기본이었습니다. 업무를 마치면 대개 본사 직원들과 저녁을 같이 먹기 위해 여의도 식당가나 여관이 많았던 영등포시장 근처를 주로 갔습니다.

한번은 삼겹살을 먹기 위해 영등포시장 인근의 식당에 갔는데 가격표를 보니 1인분의 가격은 적혀 있었지만 1인분의 양은 얼마인지 알 수가 없었습니다. 당시 매스컴에서 올림픽을 앞두고 집중적으로 개선하기 위해 펼쳤던 캠페인이 바로 음식점 메뉴에 가격과 양을 정확하게 표시하자는 것이었습니다. 그런데 이 식당의 메뉴판을 보니 1인분의 양이 적혀 있질 않았습니다. 마침 우리 일행과 비슷하게 식당에 들어온 손님 가운데 한 사람이 "여기 1인분이 몇 그램입니까?" 물었습니다. 주인이 짜증 난다는 표정을 지으며 "그런 걸 왜 물어봐요? 어느 집에 가도 그런 거 적어놓는 집 없어요. 이 동네는 원래 그래요"라며 퉁명스럽게 대꾸하는 것이었습니다. 작은 변화조차 싫다는 주인의 완강한 표정과 태도를 보며 황당해했던 기억이 납니다.

현장 팀장으로 처음 근무를 시작할 때, 새로운 환경에 적응하려고 한동안 정신을 차릴 수 없이 바쁘게 시간을 보냈습니다. 구성원들 이름 외우는 것부터 시작해서 매일 아침 현장을 둘러보고, 근무일지도 확인하고, 상사에게 업무보고를 하는 등 출근하자마자 새로운 일이 한꺼번에 쏟아졌습니다.

요즘은 약간 개선되었지만 스태프 팀장으로 있다가 현장 팀장을 맡게 되면 업무가 달라지는 것이 매우 많았습니다. 당시만 해도 체계적인 교육과 인수인계 시스템이 없던 시절이라 새로운 업무에 적응하려면 어느 정도 시행착오와 시간이 필요했습니다. 작업허가증에 최종 서명을 하는 것이 어떤 의미를 갖는지에 대해 명확한 개념이 없는 상태에서 사인을 했으니까요. 지금 생각해봐도 가슴이 오그라들 정도입니다.

얼마간의 시간이 지난 후 구성원들 이름도 대부분 외우고 업무에 대해서도 어느 정도 알게 되니, 그동안 눈에 보이지 않았던 것들이 보이기 시작했습니다. 그중 하나가 모든 교대조가 공통적으로 근무일지 말미에 다음과 같이 적는 것이었습니다.

'금일의 5정 운동. 어느 지역 청소 00분, 공구함 정리 00분. 총시간 0시간 00분.'

저는 이게 무슨 뜻인지, 왜 근무일지에 적는지 궁금해서 교대반장에게 물어보았더니, "원래부터 우리 팀은 모두 이렇게 적습니다"라는 대답이 돌아왔습니다. 원래부터가 언제인지 추적해보니 훨씬 전에 일했던 팀장이 일본 기업의 현장 혁신 활동 가운데 하나인 소위 '5S 운동(우리말로 5정 운동, 즉 정리, 정돈, 청소, 청결, 습관화의 5가지를 생활화하자는 운동)'을 도입했고, 이를 뿌리내리기 위해 근무일지에 기록하라고 했다는 것입니다. 그런데 문제는 후임 팀장들이 전혀 관심을 두지 않았다는 것입니다. 이후 현장에서는 실제로 아무 활동도 하지 않으면서 근무일지에 습관적으로 기록만 하는 상태였습니다.

여긴 원래 이래요, 공장 수준하고 달라요!

2000년대 초반, 갑자기 본사로 발령 나면서 생소한 물류 분야에서 일하게 되었습니다. 한 번도 하지 않았던 업무인 데다 본사 근무도 처음이어서 모든 게 낯설어 한동안 마음고생이 심했습니다. 설비를 다루는 공장과 달리 본사는 주로 사람들과 일을 해야 하기 때문에 짧은 시간에 사내외 관련 인사들과 안면을 트는 게 보통 일이 아니었습니다. 게다가 처음 해보는 일에 대한 공부의 부담도 만만치 않았습니다.

당시 물류 분야는 물류 효율화를 중점적으로 추진하고 있을 때여서 제가 맡은 업무가 효율화 계획을 완성하고 실행하는 일이었습니다. 중요한 업무 가운데 하나가 위탁저유소 효율화였는데, 이는 자산은 우리 회사 소유지만 운영을 대리점 등 다른 회사에 맡겨놓은 저유소입니다. 위탁저유소 효율화보고서를 읽어보니 물류 관점에서 이제 필요 없으므로 마케팅 조직과 협의하여 효율화를 해야 한다는 내용이었습니다. 마케팅 부서에서 필요 없다면 위탁 해지만 하면 되는데, 만약 그렇지 않다면 다른 방법을 찾아야 했습니다.

마케팅 부서와 같이 직접 현장을 방문해 현실을 파악하는 게 우선이라고 판단하고, 해안가에 있는 위탁저유소를 방문했습니다. 마케팅 부서와 대리점 사장님은 여전히 필요하다고 했지만 저는 현장을 보는 순간 바로 탱크를 없애야 한다는 생각이 들었습니다. 왜냐하면 해안에 위치한 탱크는 오랫동안 보수를 하지 않았던 탓인지 눈으로 봐도 너무나 위험한 상태였습니다. 만약에 탱크에 문제라도 생기면 해양오염이 발생할 수도 있는 수준이었습니다. 우리가 매년 얼마간의 탱크 보수비를 포함한 운영비를 지불했음에도 불구하고 관리가 제대로 되고 있지 않았던 것입니다. 위탁저유소를 관리하는 사람에게 이런 상태로 놔두어도 괜찮은지 물었더니 "여긴 원래 이래요. 공장 수준으로 생각하면 안 됩니다"라는 투의 대답이 돌아왔습니다.

우리가 일하는 현장에는 특별한 문제의식 없이 "원래부터 그렇다"

라고 말하는 습관이 여전히 많이 남아 있습니다. 특히 오랫동안 지속돼온 현장의 일 중에는 뚜렷한 목적 없이 습관적으로 해오던 일이 있을 수 있습니다. 그러나 일의 성격과 업무 환경은 지속적으로 변화하게 마련입니다. 따라서 환경이 변한 상태에서 불필요한 일을 관성적으로 하고 있지는 않은지 리더들은 관심 있게 살펴봐야 합니다. 일을 실행하는 사람이 불필요한 일을 하고 있다면 그 일이 잘될 리가 없고, 그 일을 하는 동안 짜증만 날 것입니다. 그런 여파로 인해 정작 안전과 같은 중요한 일을 소홀히 할 수 있습니다.

중고등학교 물리 시간에 배웠던 뉴턴의 운동 제1 법칙이 바로 관성의 법칙입니다. 운동하는 물체에 힘이 작용하지 않으면 그 물체는 운동 상태를 그대로 유지하려는 성질을 가지고 있는데, 이를 관성이라 합니다. 버스나 지하철이 정류장에서 출발할 때 몸이 뒤로 쏠리는 현상은 관성의 법칙을 잘 설명해주는 예시입니다. 버스나 지하철은 앞으로 움직이는데 우리 몸은 그 자리에 그대로 머물려고 하기 때문에 뒤로 쏠리게 된답니다. 그래서 버스나 지하철이 출발할 때 몸이 뒤로 쏠리지 않으려면 같은 방향으로 움직이거나 손잡이를 꽉 잡아야 합니다.

우리의 일에서도 관성을 극복하는 이런 힘이 필요한 곳이 있습니다. 그런 것을 찾아서 현장의 안전을 확보하는 방법이 있습니다. 바로 업무 환경의 변화에 대비하거나 적응하려는 노력입니다.

기만적 우월감은
근거 없는 자신감?

보고 싶은 것만 보고, 믿고 싶은 것만 믿는다

주변 친구들 가운데 이미 손자나 손녀를 얻은 친구들이 제법 있습니다. 그들의 공통점을 하나 꼽으라면 휴대폰 바탕화면이나 카카오톡 프로필 사진을 손자나 손녀의 사진으로 꾸며놓는다는 것입니다. 그만큼 귀엽고 사랑스러워한다는 표현을 그런 식으로 하는 것이겠지요.

애들을 키우는 과정에서 가장 귀엽고 사랑스러울 때가 유치원 다니는 시절이 아닌가 생각됩니다. 초등학교 들어가면서 조금씩 말썽을 피우기 시작하고, 중학교 진학한 다음부터는 사춘기로 접어들어 부모를 힘들게 합니다. 저도 지금은 성인이 된 큰애가 유치원 다닐 때는 눈에 넣어도 아프지 않을 만큼 귀여웠고, 나중에 공부도 잘할 것으로 믿어 의심치 않았으니까요. 지금 생각해보면 실소를 자아내는 일이지만, 큰

애가 유치원에 다니던 시절 세계지도를 펴놓고 이상한 나라 이름을 척척 말하는 모습을 보고 속으로 흐뭇해하면서 혹시 영재가 아닐까 하는 착각에 빠지기도 했습니다. 그 무렵의 보통 아이들에게서 볼 수 있는 지극히 보편적인 현상이라는 것을 깨닫는 데는 많은 시간이 필요하지 않았습니다. 대부분 사람들이 자기가 보고 싶은 대로 보고, 생각하고 싶은 대로 생각하는 것처럼, 대부분의 부모들이 자기 아이를 영재로 믿고 싶어 하는 욕심 때문이겠지요.

얼마 전 재미있는 기사를 보았는데 요즘 고졸 검정고시가 인기라고 합니다. 이유인즉슨 대학입시에서 내신 비중이 점점 높아지자 외고나 과학고 등 특목고에 다니는 학생들이 학교를 중퇴하고 검정고시로 눈을 돌린다는 것입니다. 특목고에 입학하려면 중학교 시절의 성적이 전교에서 손가락에 꼽을 정도로 뛰어나야 합니다. 그런 학생들도 막상 고등학교에 입학하고 보니 더 우수한 친구들이 많이 있다는 사실을 깨닫게 되지요. 고등학교에 진학만 하면 성적이 상위권에 충분히 들어갈 수 있다고 믿었는데, 결국 성적이 상위권에 속하지 못해 입시에서 불리해질까 봐 검정고시로 방향을 돌리는 것입니다.

제가 고등학교 입학할 때는 지금의 대학교 입시처럼 입학시험을 거쳐야 했습니다. 입학시험에 합격할 때는 1등이건 꼴찌건 차이가 없습니다. 그런데 입학한 다음 학교에서 첫 시험을 치르고 나면 우열이 확 드러납니다. 시험 결과를 받았을 때 저 역시 큰 충격을 받았습니다. 적어도 중간 이상은 할 줄 알았는데 예상외의 결과에 실망감이 컸으니까요. 특히 시골 중학교 출신 가운데 성적이 기대만큼 나오지 않은 친구들의 충격은 훨씬 심했다고 기억합니다. 중학교 시절엔 전교 1, 2등을 다투던 친구들이 고등학교에 진학해서 성적이 중간 이하로 자리매김하는 것을 받아들이기 힘들었을 것입니다. 학교 성적이 나빠 검정고시로 눈을 돌리는 요즘 특목고 학생들처럼 자신의 수준을 잘 몰랐기 때문이겠지요. 물론 입학 후에는 열심히 공부해 다시 상위권으로 올라간 친구들도 많습니다.

자신만 평균 이상이라고 믿는 '기만적 우월감'

임원 연수 기간에 싱가포르국립대학에서 협상에 관한 교육에 참가할 기회가 있었습니다. 교육생 중에는 싱가포르 사람들도 있었지만 인접 국가인 말레이시아, 인도네시아를 비롯해 인도, 스리랑카, 네팔에서 온 사람들도 많았습니다. 교육 프로그램은 이론 교육과 함께 2명씩 조를 짜서 실제 협상을 하는 실습 과정으로 나누어져 있었습니다. 실습 과정의 협상 결과는 전체 참가자의 평균값을 산출한 다음, 자신의 협상 결과가 평균 이상인지 아니면 평균 이하인지를 확인하는 것이었습니다. 그리고 왜 그런 협상 결과에 도달했는지를 설명하는 방식으로 진행되었습니다.

저는 한 번은 말레이시아 출신의 기업인, 한 번은 스리랑카에서 온 공무원과 함께 조를 이루어 실습에 참가했습니다. 말레이시아 출신 기업인과의 협상 결과는 다른 조의 결과와 비슷한 평균 수준이었지만, 스리랑카 출신의 공무원과의 협상 결과는 저를 당황스럽게 했습니다. 같은 사안을 가지고 협상을 한 다른 조와 비교했을 때 제가 과다하게 양보를 해서 손해를 본 것으로 나타났습니다. 전체 평균을 냈을 때 제 협상 파트너는 평균 이상의 수익을 거두었지만, 상대적으로 저는 평균 이하의 수익, 즉 손해를 본 것이나 다름없었습니다.

처음 결과를 보았을 때는 왜 그런 결론에 도달했는지 의아했지만 곧 스스로 깨달았습니다. 그것은 상대가 공무원이고 스리랑카에서 왔다는 생각 때문에 적당히 해도 더 잘할 것이라고 판단했기 때문이었습니다. 대충 빨리 끝내더라도 평균은 될 것이라고 자만했던 결과입니다. 앞서 말레이시아 기업인과 협상했을 때도 평균은 했기 때문에 그런 잘못된 판단을 했던 것이지요.

심리학자들의 연구 결과에 따르면, 대부분의 사람은 자신이 동료보다 능력이 뛰어나고, 친구보다 더 도덕적이고, 다른 사람들에게 더 친절하다고 생각한다고 합니다. 그뿐만 아니라 보통 운전자들의 대부분은 자신이 다른 사람보다 운전 실력이 더 좋다고 자신합니다. 건강에 특별하게 문제가 없는 보통 사람들이라면 자신은 평균수명 이상으로 오래 살 것이라고 확신한다는 것입니다. 즉 주위의 다른 사람들은 전체의 평균쯤 될 것이라고 생각하지만, 자신만은 언제나 평균 이상이라고 믿는다는 것입니다. 이런 경향을 심리학자들은 '기만적 우월감'이라고 정의했습니다.

예를 들면 제 경우 큰애가 처음으로 새로운 반응을 보일 때, 우리 애는 다른 애들보다 더 머리가 좋다고 생각하는 것입니다. 중학교 시절에 성적이 전교 상위권이었으니 고등학교에 진학해서도 예전만큼 할 수 있으리라는 믿음도 마찬가지입니다. 그리고 처음 만나는 사람과의 협상에서도 평균 이상으로 할 수 있을 것이라는 근거 없는 자신감도 일종의 기만적 우월감이라는 생각이 듭니다.

물론 자신의 수준을 평균 이상이라고 여기는 것이 반드시 나쁜 것이라고는 말할 수 없습니다. 스스로를 지나치게 비하하는 것이 더 문제일 수도 있습니다. 그러나 안전과 관련해서는 예외입니다. 왜냐하면 스스로 평균 수준 이상이라고 간주하는 순간, 안전의 문제를 잘 보지 못한 채 이 정도 수준이면 괜찮다는 판단을 내리기 때문입니다. 안전에 관한 한 어떤 순간에도 어디인가에는 부족한 부분이 있다는 자세로 임해야 작은 문제도 놓치지 않을 것입니다.

공정안전관리제도 심사를 받는 사업장 중에서 최고 등급인 P등급을 받은 사업장에서 대형사고가 발생하는 경우가 많다고 합니다. 최근 들어 가장 큰 사고가 발생했던 H사도 P등급 사업장이었으며, 몇 년 전 유사한 사고로 많은 인명 피해가 있었던 D사도 P등급 사업장이었습니다. P등급을 받았다는 것은 많은 부분은 잘 정비되어 있지만 그래도 부족한 부분이 있다는 의미로 받아들여야 합니다. 스스로 완벽하다고 자만하는 것이야말로 기만적 우월감의 전형일 뿐입니다.

안전에 관한 한 기만적 우월감은 큰 재앙을 불러올 수 있는 위험한 생각입니다. 이런 것 때문에 현장의 리더들이 자기 조직의 부족한 부분이 무엇인지 항상 고민해야 하고, 구성원들도 우리 현장에서 안전에 관해 부족한 부분이 무엇인지 항상 생각해야 합니다.

인간은 멀티태스킹이
불가능하다?

장면 #1 – 택시 기사와 내비게이션

한번은 세종시에 갔다가 큰 봉변을 겪을 뻔했습니다. 세종시 인근 식당에서 점심 모임이 있었는데, 초행길이라 식당에 전화해서 위치를 물어보았습니다. 식당 주인은 KTX 오송역에서 택시로 30여 분 거리에 있으니까 내비게이션으로 쉽게 찾아올 수 있다고 했습니다. 오송역에서 택시를 타고 목적지를 말하니까 환갑을 넘긴 듯한 택시 기사는 주행 중에 내비게이션에 목적지를 입력하려고 시도하는 것이었습니다. 목적지를 입력하는 데 무슨 문제가 있는지 택시가 출발하고 한참 지나는 동안 계속 내비게이션을 조작했습니다. 은근히 불안해지기 시작했지만 아무 소리 하지 않고 불안감을 억누른 채 묵묵히 창밖을 보고 있었습니다.

오송역에서 세종청사 가는 길은 통행하는 차량도 많지 않고 새로 만들어진 길이라 도로 사정이 좋았습니다. 그런데 택시 기사는 아주 빠른 속도로 운행하면서 계속 내비게이션과 씨름하는 것을 멈추지 않았습니다. 결국 어느 순간 차선을 벗어나면서 중앙선을 침범하고 말았습니다. 다행히 반대 차선에서 오던 차가 일찍 발견하고 경고음을 울리며 비켜 지나갔습니다. 순간 등골이 서늘함을 느꼈고, 조금 늦어도 상관없으니 갓길에 차를 세운 후에 내비게이션을 조작하라고 말했습니다. 그제야 택시 기사는 겸연쩍은 표정으로 차를 갓길에 세웠습니다.

장면 #2 – 트럭 운전기사의 DMB 시청

2012년 5월 1일, 경북 의성에서 여자 사이클 선수단이 국도를 따라 훈련을 하고 있었습니다. 한적한 국도의 갓길을 따라 훈련하던 선수들을 트럭이 덮치는 바람에 3명이 사망하고 4명이 중경상을 입는 대형사고가 발생했습니다. 줄지어 사이클을 타던 선수들에게는 날벼락 같은 일이었습니다. 깜깜한 밤중도 아니고 훤한 대낮에, 그것도 인적이 드문 도로에서 별안간 트럭이 덮칠 줄은 누가 상상이나 했을까요?

사고 조사 결과를 보니 원인은 너무나 어처구니가 없었습니다. 트럭 운전기사가 운전 중에 DMB를 시청하다가 전방을 보지 못해 일어난 일이었습니다. 그는 운전 경력 41년에, 그 국도를 12년 동안 매일같이 다녔다고 했습니다.

장면 #3 – 추락한 비행기의 조종실 풍경

1972년 12월 29일 23시 42분. 미국 뉴욕공항을 떠나 마이애미로 향하던 이스턴항공 401편의 기장은 마이애미국제공항에 착륙하려다 문제를 발견했습니다. 랜딩기어를 작동했는데도 계기판의 지시등에 녹색 불이 들어오지 않는 것이었습니다.

이 경우 실제로 랜딩기어가 작동하지 않았을 수도 있고, 또 단순히 램프 고장일 수도 있는 상황이었습니다. 그래서 관제탑에 이 사실을 알리고, 고도를 약 600미터까지 높여 상공을 선회하면서 문제의 원인을 찾기 시작했습니다. 원인을 알 수 없었던 기장은 부기장을 호출해 원인 파악을 지시했습니다. 부기장인들 뾰족한 답을 내놓을 수가 없었고, 일등기관사를 불러 원인을 파악하라고 지시했습니다. 그러다 보니 비행기 조종에 신경을 쓰는 사람이 아무도 없었고, 모두 지시등에 불이 들어오지 않은 원인을 찾는 데 골몰하는 상황이 되어버렸습니다. 이러는 사이 비행기의 고도는 천천히 떨어지기 시작했고, 설정된 고도를 이탈했다는 경고음이 계속 울렸지만 아무도 알아차리지 못했습니다. 그러다가 기장은 고도가 너무 많이 떨어졌다는 사실을 뒤늦게 발견했지만 이미 대처하기에는 늦은 상황이었습니다. 비행기는 땅바닥으로 추락하면서 순식간에 화염에 휩싸이고 말았습니다. 이 사고로 승객과 승무원 176명 가운데 101명이 사망한 끔찍한 사고였습니다.

멀티태스킹은 현대 사회가 맹신하는 신화일 뿐이다

위에서 언급한 3가지 사고의 공통점은 무엇일까요? 바로 멀티태스킹(Multitasking)이 원인입니다. '멀티태스킹'이라는 용어는 원래 컴퓨터 분야에서 사용하는 말인데, 컴퓨터 하나로 두 가지 이상의 프로세스를 동시에 처리하는 기법을 의미합니다. 이런 기능 덕분에 우리는 문서 작업을 하면서 동시에 영화를 다운로드하거나 음악을 들을 수도 있게 되었습니다. 그런데 우리는 사람의 머리도 컴퓨터와 같다고 생각하는 지, 일을 수행하는 동안 멀티태스킹을 습관적으로 하고 있습니다. 사무실에서는 문서를 작성하면서 걸려온 전화를 응대하기도 하고, 생산 현장에서도 휴대전화로 통화하면서 계기를 조절하기도 합니다.

멀티태스킹은 현대 사회가 맹신하는 신화 가운데 하나입니다. 누구나 한 번에 여러 가지 일을 한다고 생각하지만, 사실은 짧은 시간에 여러 업무로 왔다 갔다 할 뿐이라는 연구 결과가 있습니다. 우리가 느끼기에는 컴퓨터가 동시에 여러 가지 일을 하는 것처럼 보이지만, 1초에 수천 번씩 여러 프로세스를 오가며 명령을 처리할 뿐입니다. 때문에 엄밀하게 말하자면 컴퓨터가 주어진 일을 동시에 처리하는 것이 아닙니다. 짧은 시간에 처리 속도가 워낙 빠르기 때문에 동시에 처리하는 것처럼 보일 뿐입니다.

위의 3가지 사고를 보더라도 인간은 멀티태스킹이 근원적으로 힘들다는 사실을 잘 알 수 있습니다. 운전하는 동안 내비게이션을 조작하거나 DMB를 시청하는 것은 정상적인 운전 상태가 아님은 명명백백합니다. 이스턴항공의 사례도 마찬가지입니다. 비행기를 조종하면서 다른 일을 한다는 것은 비행기의 조종간을 놓은 것이나 다름없습니다. 그럼에도 불구하고 우리는 멀티태스킹이 가능하다는 환상에 사로잡힐 때가 많습니다.

그러나 연구 결과는 일반적인 예상과 전혀 다릅니다. 우리의 주의를 두 가지의 의식적 활동으로 분산하는 것은 불가능하다는 것은 이미 수

많은 연구 결과가 증명해주고 있습니다. 특정 상황에서 두 가지 활동을 모두 인식할 수도 있지만, 그렇다고 해서 아무리 간단한 일이라도 두 가지 동시에 의식적인 결정을 할 수는 없습니다. 물론 길을 걸으며 껌을 씹는다거나, 운전하면서 옆 사람과 이야기할 수는 있지만, 이것들은 오랜 연습을 거쳐 두 가지 활동이 무의식적으로 일어나기 때문입니다. 그러나 일상생활이나 업무의 대부분은 이처럼 무의식적으로 이루어져도 아무 문제가 없을 정도로 오랫동안 연습된 행동들이 아님을 명심해야 합니다.

산업 현장에는 안전을 위협하는 여러 요소들이 여기저기 숨어 있습니다. 아무리 사고 예방에 만전을 기하고, 또 집중한다고 해도 사고는 얼마든지 일어날 수 있습니다. 이런 상황에서 우리는 자신도 모르게 두 가지 일을 동시에 수행하려다가 그만 집중력을 잃고 불행한 일을 당할 수도 있습니다. 현장에서 수시로 발생하는 어처구니없는 사고를 예방하려면 인간은 멀티태스킹이 불가능하다는 사실을 명확하게 인식할 필요가 있습니다.

나는 바담 풍 해도,
너는 바람 풍 해라

　저희 집 아들 둘은 형제임에도 불구하고 성격과 식성도 완전히 다릅니다. 큰아들 방은 언제 들어가 봐도 군대 내무반처럼 잘 정리되어 있고, 책상 서랍을 열어봐도 흐트러진 곳이 없습니다. 반면 작은아들 방은 방문을 여는 순간 온갖 냄새와 여기저기 흩어져 있는 옷과 책으로 어지럽기 짝이 없습니다. 책상 서랍은 물론 책상 위도 쓰레기통을 연상케 할 만큼 어지럽습니다. 또 둘 다 고기를 좋아하지만 큰아들은 양식 종류를 좋아하는 반면, 작은아들은 한식 스타일이어서 돼지고기 수육이나 육개장 같은 얼큰한 음식을 좋아합니다.

　이렇게 성격과 습성이 다른 형제 간에 공통점이 하나 있는데, 그것은 둘 다 누워서 책을 보는 것입니다. 당연히 시력이 좋지 않아 오랫동안 안경을 껴야 했습니다. 그나마 큰애는 몇 년 전 라식 수술로 안경을 벗었지만, 작은애는 여전히 두꺼운 안경을 끼고 있습니다.

집에 있을 때 아이들 방에 들어가 보면 둘 다 침대에 누워 책을 보거나 스마트폰을 눈 가까이 대고 뭔가를 열심히 보고 있습니다. 그럴 때마다 "그렇게 누워서 책 보면 눈이 더 나빠지니 책상에 앉아서 봐라"라고 이야기하면 들은 척도 하지 않고 그대로 있습니다. 한번은 화가 나서 큰 소리로 꾸짖었더니, "아버지도 매일 누워서 책 보시잖아요"라고 대꾸하는 바람에 할 말을 잃은 적이 있습니다. 그래서 더 이상 아무 소리 못 한 채 그냥 아이들 방을 나와버렸습니다.

따지고 보면 아이들이 누워서 책 보는 버릇은 제가 가르친 셈입니다. 저도 어릴 적부터 책상에서 책 보는 것보다 누워서 책 보는 게 익숙해져 그만 버릇이 되어버렸지요. 그래서 힘들어도 책상에서 책을 읽으려고 노력했지만 쉽게 고쳐지질 않았습니다. 애들도 어릴 적부터 제가 소파나 침대에 누워 책 읽는 모습을 본 탓인지, 어느 순간부터 자연스럽게 누워서 책을 보는 버릇이 몸에 밴 것입니다. 우리 속담에 "나는 바담 풍 해도 너는 바람 풍 해라"라는 말이 있습니다. 제 자신이 누워서 책 보는 나쁜 습관을 못 고치면서 애들에게는 부모 입장을 내세워 잔소리를 하는 것입니다. 애들이 제 충고를 귀담아듣지 않는 것도 어쩌면 당연한 일입니다.

모든 사고의 마지막 원인은 사람이다

1980년대 중반 무렵 회사에 소형 스쿠터인 모페드를 처음 들여왔을 때 그 편리함은 이루 말할 수 없었습니다. 공용차가 귀하던 시절이라 현장에서 이동할 때는 걸어가거나 아니면 자전거를 타고 다녀야 하던 시절이었습니다. 공장이 넓어서 날씨가 덥거나 추울 때는 여간 힘든 것이 아니었는데, 모페드는 이 모든 불편함을 일거에 없애주는 편리한 이동 수단이 되었습니다.

모페드의 이용이 늘어나면서 가장 큰 문제는 역시 안전사고였습니다. 처음 도입되었을 때만 하더라도 속도제한 장치를 부착하지 않아 마치 오토바이처럼 속도를 내고 달리는 게 다반사였습니다. 그러다 이런저런 사고가 생겼고, 급기야 최고 속도를 제한해 운행하도록 개조를 했습니다. 안전회의를 할 때마다 '모페드 사고주의'가 단골 메뉴일 정도로 사고가 심심치 않게 일어났으니까요.

모페드 사고 가운데 아직도 생생히 기억나는 것은 어느 선배 팀장님의 사고였습니다. 지금은 없어진, 도로 옆의 수분제거용 탑에서 소금을 교체하는 작업이 있었는데 작업자들이 뒷정리를 제대로 하지 않아 도로에 소금이 뿌려져 있었습니다. 선배 팀장님이 현장 점검을 위해 모페드를 타고 빠른 속도로 지나가다가 소금 위로 미끄러지면서 그만 넘어져버린 것입니다. 속도도 빨랐지만 길도 미끄러웠던 탓에 모페드가 그냥 넘어진 것이 아니라 완전히 돌아버리면서 큰 부상을 입었습니다. 발목 부위의 뼈가 산산조각 부서질 정도로 부상 정도가 심해 큰 수술을 받아야 했습니다.

병원으로 병문안을 갔더니 선배 팀장님은 "부끄러워 얼굴을 들고 다닐 수 없다"라면서 난감해했습니다. 이유인즉 안전회의 때마다 팀원들에게 모페드 과속 운행하지 말라고 당부했는데 막상 본인이 과속으로 이렇게 큰 사고가 났으니 면목이 안 선다는 것이었습니다.

과거에 울산공장에서 잊을 만하면 정기 캠페인처럼 했던 과제가 바로 "기초질서 지키기"였습니다. 기초질서를 지키는 것이 얼마나 어려웠으면 연례행사처럼 매년 되풀이해야 하는 주요 과제였을까요? 출퇴근 시간 지키기, 안전모 착용하기, 규정속도 지키기, 점심 식사 시간 지키기 등 마치 초등학교 저학년 도덕 시간에 가르치는 수준의 과제를 가지고 대대적인 캠페인에 나서기도 했습니다. 한동안 공장 내에서 차량 사고가 많아 과속측정기를 비치해두고 과속 차량을 단속했는데, 임원이나 팀장이 적발된 사례도 있었다는 겁니다.

"모든 사고의 마지막 원인은 사람이다."

사고 원인을 찾아가다 보면 설비의 문제, 작업 절차의 문제, 자재의 문제 등 표면적인 이유는 쉽게 드러나게 마련입니다. 그러나 모든 사고의 본질은 언제나 사람의 문제일 뿐만 아니라, 더 깊이 들어가면 결국 최고 책임자의 문제로 귀결됩니다. 최고 책임자들이 겉으로는 안전이 최우선이고 안전을 희생해서는 안 된다고 강조하면서도 막상 의사결정은 다르게 하는 경우가 있기 때문입니다. 되돌아보면 우리도 과거에 그런 잘못이 없다고 할 수 없습니다. 이런 잘못은 책임자들이 자신은 바담 풍 하면서 실무자들에게는 바람 풍 하라는 것과 다를 바가 없습니다.

중국 역사에서 북방 야만족인 만주족이 한족을 물리치고 처음으로 중국을 통일한 나라가 청나라입니다. 명나라가 멸망한 후, 한족들은 청나라가 오래가지 못할 거라고 예상했지만, 청나라는 250년이란 긴 세월 동안 중국을 지배했습니다. 청나라를 세운 후 어수선했던 청나라의 뿌리를 든든하게 만든 황제가 강희제입니다. 중국 역사상 가장 명

군 중의 한 사람으로 손꼽히는 강희제는 8세의 어린 나이에 황제로 즉위했지만 60년 동안 황제 자리를 지키며 많은 업적을 남겼습니다. 청나라의 지배 체제를 완성했고, 아들과 손자인 옹정제, 건륭제와 함께 태평성대를 이끌어 250년 동안 중국을 지배할 수 있었습니다.

강희제는 솔선수범하여 한족들을 포용했고, 정정이 불안했던 남방 지역을 수차례 직접 방문해 반란군을 진압하고 민심을 얻었다고 합니다. 역사학자들은 그가 이렇게 명군이 될 수 있었던 이유 중의 하나로 그의 훌륭한 통치철학을 꼽습니다. 그는 이런 말을 남겼습니다. 오늘을 살아가는 우리에게도 많은 교훈을 주는 내용입니다.

"남에게는 하지 말라고 하고 자기는 행한다면, 어찌 남을 지휘할 수 있단 말인가?(禁人而己用之 將何以服人 금인이기용지 장하이복인)"

운영 원칙을
반드시 지켜라

비정상의 정상화는 안전 분야의 중요한 화두

몇 해 전 여름휴가 때 동남아시아를 여행한 적이 있었습니다. 오후에 인천공항을 출발하여 자정 무렵 목적지 공항에 도착할 수 있었습니다. 입국 수속을 밟기 위해 여행가이드가 여권을 전부 회수하여 출입국관리소 직원들에게 건네고 기다리는 중이었습니다. 직원이 제 이름을 부르기에 다가갔더니, "일 달라, 일 달라"라고 하기에 무슨 뜻인지 몰라 머뭇거리자 여행가이드가 1달러를 주라고 하는 것입니다. 한국말로 "일 달라"라고 이야기했는데, 순간적으로 그 나라 말인 줄로 착각하고 멍하게 있었던 것입니다.

비자 발급 비용을 여행사에 낸 걸로 아는데 왜 달라고 하는지 언뜻 이해가 되지 않았습니다. 호텔로 가는 길에 가이드에게 물어보았더니,

그냥 한국 사람들에게 받는 급행료라는 것이었습니다. 어이가 없었지만 가만 생각해보면 우리도 불과 몇십 년 전에는 사정이 마찬가지였습니다. 동사무소에서 주민등록등본 한 통을 떼려고 해도 급행료를 주어야 했고, 관청으로부터 인허가를 받으려면 더 말할 필요도 없었지요. 그러나 우리나라에서는 대부분 사라졌다고는 하지만 이런 비정상적인 관행이 일부 남아 있는 것 또한 사실입니다.

지금 정부의 핵심 국정과제를 이야기할 때마다 빠지지 않는 키워드가 '비정상의 정상화'입니다. 과거 급행료 같은 잘못된 관행이나 제도를 제대로 된 상태로 돌려놓는다는 의미에서 출발했지만, 몇 차례 대형 안전사고 이후엔 안전 분야에서도 주요 화두로 자리매김했습니다. 세월호 사고 이후 밝혀진 선박 안전 검사와 각종 인허가 과정에서의 비리는 우리 사회에 엄청난 충격을 주었습니다. 이후 우리 사회의 여러 분야에 만연한 잘못된 관행을 바로잡아야 한다는 여론이 들끓었고, 관피아 등으로 대표되는 '비정상의 뿌리'가 수면 위로 그 모습을 드러내면서 분노의 목소리도 높아만 갔습니다.

제 경우도 살아가면서 비정상화된 상황에 익숙해지면 그것이 정상이라고 착각하거나, 아니면 정상이라고 우기면서 상황을 모면한 적이 많았을 것입니다. 혹시 누가 그것을 지적이라도 하면 현실을 모르는 소리는 하지 말라며 일축해버린 경우도 있었겠지요. 그것이 비정상적인 것인지조차 모르고 살 뿐만 아니라, 누군가 그것을 지적하면 현실을 모르는 소리라고 일축한 경우도 있었던 것 같습니다.

1990년대 중반, 우리나라에 처음으로 공정안전관리제도가 도입되어 공정안전정보자료, 물질안전보건자료 등을 만들 때 현장 팀장으로 근무하던 시절이었습니다. 그때만 해도 정부가 이런 것을 기업에 획일적으로 만들게 하는 것에 불만을 가진 채, 도무지 우리 현실과는 맞지 않다는 고정관념에 사로잡혀 있었습니다. 게다가 처음으로 공정안전관리제도 심사를 받을 때, 심사관들이 우리 도면을 보면서 미비점을 지적할 때마다 겁도 없이(?) 설전을 벌이곤 했습니다. 지금은 아주 당연하게 받아들이는 것들을 그때는 말도 안 되는 소리라며, 외국에서 하는 걸 무엇 때문에 그대로 따라서 하느냐며 따지기까지 했으니까요. 그때는 비정상적인 것에 익숙해져 있어서 정상적인 것이 오히려 이상하게 느껴졌던 것이지요.

후배 팀장이 전해준 스페인 현지 직원과의 에피소드

한번은 스페인 합작공장에서 근무 중인 후배 팀장이 새해 인사차 메일을 보내왔습니다. 메일 내용 가운데 스페인 현지 직원들과 일하면서 겪었던 안전과 관련한 경험담을 소개하려고 합니다.

1. 촉매 충진 때문에 작업자들이 내부에 들어가기 위해 반응기를 식히는데 시간이 너무 걸렸습니다. 그래서 제가 협력업체 직원들에게 '돈을 더 줄 테니 조금 일찍 들어가서 내부 계단이라도 열었으면 좋겠다. 이 작업은 시간도 오래 안 걸리고, 계단을 열면 더 빨리 식을 것이니 그렇게 해 달라'고 부탁했습니다.(그 전에 일정이 많이 지연되어서 불가피한 상황 판단이었습니다.)

협력업체 대표 왈, '50도 이하로 떨어져야 들어갈 수 있다. 그렇지 않으면 안전을 위해 어떤 경우에도 못 들어간다'라는 대답이었습니다.(그래서 1일 이상 더 기다렸습니다.) 아마 한국 같으면 휴대용 선풍기나 에어컨 등을 설치한 후에 조금 온도가 높더라도 들어갔을 겁니다.

2. 압축기(Compressor)의 잦은 트러블로 일정이 늦어졌고, 긴급 보수 작업 후 재가동할 때였습니다.(이때가 밤 10시 정도 되었습니다.)

제가 압축기 감독관 및 우리 직원들에게 일정이 많이 지연되었으니 보수 작업이 끝나자마자 재가동하자고 재촉했습니다.

압축기 감독관은 '요즘 너무 많이 초과 근무를 했다. 오늘 계속 일하면 작업하는 동안 위험할 수도 있고, 또 충분한 휴식을 취하지 못하면 내일 일에도 지장이 있다. 이로 인해 더 큰 사고가 발생할 위험도 있으니 절대 일할 수 없다'라면서 그냥 퇴근했습니다. 이에 대해 우리 직원들조차도 당연하게 생각하는 바람에 오히려 저만 이상한 사람이 되어버렸습니다.

3. 공장 안으로 들어가기 위해서는 필요한 안전복 착용, 휴대물품에 대한 많은 제약이 있습니다. 특히 외부 업체가 공장에 들어가 일하려면 사전허가(이것이 무척 까다롭고 해당 업체에서 필요한 각종 서류를 다 받아서 확인과 점검을 합니다)를 받아야 합니다. 이것이 준비되지 않으면 우리 필요에 의한 것이라도 절대 공장 안에 들어가서 일할 수 없습니다.(감독관 및 정비업무 직원 구분 없이 모두 다 적용됩니다.)

만일 이런 서류가 불충분하면 예외적으로 COO의 특별 승인을 얻은 다음에 들어갈 수 있지만, 이는 최후 수단입니다. 그리고 공장 안에 들어가 작업하기 전에 반드시 안전교육(최소 약 4~5시간)을 이수해야 하고, 사고 발생 시 보상 관련 제반 보험 가입은 의무입니다. 이런 여러 가지 절차와 준비로 실제 작업이 늦어지는 문제는 있습니다만, 안전을 제일 중요하게 생각하는 문화와 시스템은 본받을 만합니다.

4. 마지막으로 파견 나온 우리 직원이 시운전하는 기간 동안 지원 업무하는 중에 발생한 사례입니다. 이곳 기준에 의하면 공장 내 휴대폰은 반입 금지입니다. 우리 직원이 이를 등한시하고 휴대폰을 소지한 상태로 공장에 들어가 잠시 통화한 적이 있었습니다. 이를 보고 스페인 팀장 중 한 명이 허겁지겁 제게 달려와서 항의했습니다. (얼굴이 빨개지고 목소리는 떨리고 격앙된 상태에서) 우리 직원이 현장에서 휴대폰 통화를 하고 있는데, 이는 매우 위험한 행동이라며 바로 추방해야 한다고 했습니다. 제가 가까스로 설득해 재발 방지를 약속한 후 넘어간 적이 있습니다. 이때 공장에 무슨 큰 사고가 난 줄 알았습니다. 이곳에서는 휴대폰에서 나오는 전파 등이 현장 계기의 오작동을 일으킬 위험성 때문에 엄격히 사용을 금지하고 있습니다. 우리 울산공장과는 안전에 대한 기준과 문화가 다른 것 같습니다. 또 다른 하나는 이곳에서는 안전모의 턱끈 착용이 의무는 아닙니다. 턱끈이 오히려 더 위험해서인지, 불필요하기 때문인지는 잘 모르겠습니다.

작년부터 현지에서 작업허가증 발급이 까다로워지고, 그만큼 작업 착수 시간이 늦어져 손실이 많다는 보고를 전해 들을 때마다 고민이 많았습니다. 그런데 후배 팀장이 보낸 글을 보노라면, 그런 우리 방식의 고민 자체가 스페인 사람의 입장에서는 이해하기 힘들 것입니다. 물론 역사와 문화가 서로 다르고, 또 일하는 사람들끼리 가치관과 스타일에도 많은 차이가 있을 수 있습니다. 때문에 스페인의 방식이 모두 옳지는 않겠지만, 적어도 안전과 관련된 문제를 바라보는 인식만큼은 우리가 본받아야 할 문화입니다.

'기업 생존을 위한 10가지 위기관리 원칙'이라는 논문에 나오는 원칙 가운데 하나가 '운영의 기본 원칙을 반드시 지켜라(Sustain Operational discipline)'입니다. 사고 예방은 대부분 당연히 지켜야 할 것을 지키는 데서 출발한다고 말합니다. 우리 주위에서 혹시라도 비정상적인 것이 관행으로 용인되고 있는 것은 없는지에 대한 점검은 언제나 필요합니다. 이것이야말로 '비정상의 정상화'를 실천하는 첫걸음입니다.

섭생자는 죽음에 이르지
않는다

드디어 중국인들이 줄을 서기 시작했다

2009년 5월부터 11월까지 회사의 연수 프로그램에 참석하여 베이징에서 지낸 적이 있습니다. 베이징에 머무는 동안 우다꼬라는 지역에 숙소를 정했습니다. 칭화대학(淸華大學) 남문 주변인데 근처에 대학도 많고 지하철역이 있어 매우 붐비는 곳이었습니다.

베이징에 도착한 첫 일요일 오후, 연수 동료들과 점심을 먹기 위해 호텔 부근의 음식점으로 향하다가 황당한 일을 겪게 되었습니다. 편도 6차선 간선도로의 큰 사거리에서 보행자용 파란불이 들어와도 길을 건널 수가 없었습니다. 차량이 엄청나게 많은 상황인 데다, 신호와 관계없이 차들이 계속 지나가기 때문이었습니다. 신호가 두 차례 정도 바뀔 때까지도 길을 건너지 못한 채 우물쭈물하고 있었습니다.

결국 주변의 다른 중국인들이 하듯, 신호와 관계없이 차가 없을 때 뛰어가다시피 길을 건넜습니다. 길을 건너고 나서 사거리에서 차와 사람들이 지나가는 모습을 보니 신호등은 무용지물이나 마찬가지였습니다. 사거리에 먼저 들어가는 차가 먼저 지나가고, 자전거를 탄 사람이 사거리를 대각선으로 무단횡단하는 모습을 보며 깜짝 놀랐습니다. 이런 무질서한 광경을 보면서 왜 중국에서 주재원들이 차를 운행할 때 반드시 현지인 기사를 대동하는지 이해가 되었습니다.

6개월에 걸친 연수 과정이 끝나고 중국어를 공부했던 북경어언대학에서 열린 수료식 날, 연수생들 모두가 차례로 연단에 올라 중국어로 연수 소감을 발표했습니다. 그때 한 사람이 중국에 처음 도착했을 때는 횡단보도를 건너는 게 제일 어려운 일이었다고 말했습니다. 그런데 지금은 중국 현지인 못지않게 횡단보도를 아무 탈 없이 잘 건넌다는 말에 모두 박장대소를 했습니다. 물론 저도 그때쯤에는 신호등에 관계없이 횡단보도를 잘 건너다녔습니다.

연수 마치고 돌아온 다음 해 국내 신문을 보다 눈에 확 띄는 제목을 발견했습니다. 중국 주재 특파원이 쓴 칼럼으로, 제목이 바로 '중국인들이 줄 서기 시작했다'였습니다. 상하이엑스포를 관람하러 온 중국 사람들이 줄을 서서 차례를 기다리는 모습이 신기해 이를 기사화했던 것이지요. 그만큼 당시 중국 사람들의 질서 지키기에 대한 의식 수준이 낮았다는 것을 대변하는 기사였습니다.

사실 우리나라도 70년대와 80년대를 되돌아보면 지금의 중국과 비슷한 수준이었다고 생각됩니다. 그때만 해도 무단횡단하는 사람이 워낙 많아 범국민적 차원에서 '교통질서 지키기 캠페인'을 수시로 벌이곤 했습니다. 한때는 도로 한복판에 줄을 쳐놓고, 그 안에 교통질서 위반자들을 가두어놓은 적도 있었습니다. 지나가는 사람들이 보도록 하여 창피를 주겠다는 의도였겠지요. 그리고 TV 예능 프로그램에서 차들이 차도 정지선을 잘 지키는지를 점검하거나, 인적이 드문 이른 새벽에 차들이 사거리 신호등을 준수하는지 여부를 소재로 방영한 적도 있었습니다.

'기본으로 돌아가자'라는 슬로건으로 기본에 충실

회사에서도 질서 지키기에 관련된 행사와 업무가 수도 없이 반복되었던 것을 기억합니다. 시기는 분명하지 않으나 회사 내에서 한동안 '기초질서 지키기'라는 슬로건을 주창했던 적이 있습니다. 기초질서 위반 예시와 사례를 공문으로 만들어 전 구성원들에게 정기적으로 공지하기도 했습니다.

기초질서 지키기 예시 가운데 기억나는 것을 되돌아보면, '근무 시간 지키기', '교대근무자 인수인계 철저', '철도 무단횡단 금지', '복장 단정', '사내 제한속도 준수', '점심 식사 시간 준수' 등등 회사 생활에서 기본적으로 지켜야 할 사항들이었습니다. 물론 이제는 언급한 필요조차 없을 정도로 개선된 사항이 대부분이지만 아직도 '사내 제한속도 준수'는 잘 지켜지지 않고 있습니다.

그리고 한동안 'Back to the Basic', 즉 '기본으로 돌아가자'라는 슬로건을 내세우고 정신 무장을 새롭게 하자는 운동을 벌이기도 했습니다.

앞서 말한 기초질서 지키기뿐만 아니라 일을 할 때도 초심으로 돌아가자는 뜻이었습니다. 무엇이든 새로 시작할 때는 마음가짐을 새롭게 하고, 목표 달성을 위해 최선의 노력을 다하겠다는 각오를 다집니다. 그러나 작심삼일이라는 말처럼 시간이 지나면서 점점 초기의 의지가 퇴색하게 마련입니다. 처음의 각오와 맹세와는 달리 생활이 무질서해지고 일도 대충 하게 되는 자신을 발견하곤 합니다. 그래서 개인 차원이건 회사 차원이건 무엇인가 잘 되지 않는다고 판단될 때마다 'Back to the Basic'을 외치게 됩니다.

인간은 태생적으로 편안함을 추구하게 되어 있습니다. 질서를 지킨다는 것, 규정을 준수한다는 것, 일을 완벽하게 처리하겠다는 업무 자세 등은 편안함보다는 불편함에 가깝습니다. 이런 불편함을 극복하는 가장 좋은 방법은 습관화하는 것입니다. 질서와 규정을 지키는 것을 습관화하는 것은 바로 불편함을 편안함으로 바꾸는 작업이기도 합니다.

노자의 《도덕경》에 섭생(攝生)에 대한 이야기가 나오는데, 섭생의 사전적 의미는 '오래 살도록 건강관리를 잘하는 것'입니다. 그런데 《도덕경》에서는 '인생을 억누르다, 즉 하고 싶은 것(편한 것)을 참다'라는 뜻으로 해석하기도 합니다. 섭(攝) 자는 '억누르다, 참다'라는 뜻이 있으니까요. 그래서 《도덕경》에 다음과 같은 구절이 있습니다.

'섭생을 잘하는 사람(잘 참고 어려움을 받아들이는 사람)은 죽음의 땅에 들어가지 않는다.(善攝生者 以其無死地 선섭생자 이기무사지)'

리더가 해야 할 일은 명확합니다. 그것은 구성원들이 각자의 위치에서 각자가 해야 할 역할과 책임을 다하도록 하는 것입니다. 이를 위해서는 다시 한 번 기본으로 돌아가, 사소한 것(기초질서)부터 철저하게 지켜 안전한 일터를 만들 수 있도록 이끌어야 합니다. 그리고 구성원들 스스로도 자기가 맡은 일을 빈틈없이 챙겨서 낭비와 비효율이 없도록 해야 합니다. 물론 초심을 잃지 않는다는 것이 생각처럼 쉽지 않기 때문에 노자는 '섭생하는 자는 죽음에 이르지 않는다'라는 경구를 남겼을 것입니다.

지금은 우리 모두에게 섭생(잘 참고 어려움을 받아들이는 것)의 마음가짐이 필요한 시점입니다.

상사와 부하의
권력거리 줄이기

유대인 교육 방식의 핵심은 대화와 토론

현재 세계 IT 산업을 주도하는 페이스북 창업자 마크 주커버그, 구글의 공동 창업자 세르게이 브린과 래리 페이지, 그리고 시대는 다르지만 인류 역사에 큰 영향을 미친 아인슈타인, 프로이트, 마르크스 등의 공통점은 유대인입니다. 유대인은 전 세계 인구의 0.25%에 불과한 1,500만 명 정도지만, 역대 노벨상 수상자는 185명으로 전체 수상자의 22%에 달한다고 합니다.

세계적으로 유대인들이 주도하고 있는 분야는 금융뿐만 아니라 군수산업과 영화 예술 등 다방면에 걸쳐 있습니다. 특히 미국의 정치인들은 유대인들과 관련된 이슈를 잘못 다루면 정치생명이 위험할 정도라고 합니다.

그렇다면 유대인을 세계에서 가장 우수한 민족으로 만든 요인은 무엇일까요? 물론 여러 가지 요인들이 언급되지만 많은 사람들은 '교육'을 첫손가락으로 꼽는 데 주저하지 않을 것입니다. 우리나라 방송에서도 유대인들의 교육 방식에 대해 특집으로 방영하기도 했고, 또 유대인 교육을 다룬 책도 베스트셀러 목록에서 빠지질 않습니다.

유대인 교육 방식의 핵심은 대화와 토론이라고 합니다. 그들의 교육 방법을 '후츠파(Chutzpah)'라는 한마디로 정의할 수 있습니다. 후츠파는 지위에 관계없이 당당하게 토론하는 문화를 지칭하는 단어입니다. 우리 식으로는 "계급장 떼고 한번 이야기해보자"라는 정도로 표현할 수 있겠습니다. 이런 토론문화로 인해 유대인들은 조직에서 직급의 상하에 관계없이 자유롭게 의견을 개진하고, 또 상사가 잘못한 경우 바로 지적하는 것도 당연하게 생각한다고 합니다.

대한항공 괌 참사에 숨겨진 문화적 비밀

1997년 8월 6일 오전 1시 42분, 괌공항에 착륙하려던 대한항공 801편은 공항의 남서쪽 4.8Km 지점에 있는 야산 니미츠 힐을 들이받았고, 구조대원들이 도착하기도 전에 탑승객 254명 가운데 228명이 사망했습니다.

2009년에 출간된 말콤 글래드웰의 《아웃라이어》에 실린 '비행기 추락에 담긴 문화적 비밀'에 이 내용이 자세히 소개되어 있습니다. 사고 발생 후 광범위한 조사가 이루어졌고, 그중에서도 눈길을 끄는 것이 조종실 내의 의사소통에 관한 문제였습니다. 항공기에는 기장과 부기장이 동시에 탑승하는데, 특별한 경우가 아니면 기장이 조종간을 잡는다고 합니다. 1997년 괌 참사 이전에 대한항공 항공기 조종석에서 실제로 있었던 사례를 소개했는데 내용은 다음과 같습니다.

항공기가 이륙하기 위해 활주로를 향하는 도중에 기장이 착각하여 관제탑에서 지시한 경로가 아닌 다른 곳으로 진입했습니다. 그런데 부기장이 이를 알면서도 정확하게 지적하지 못한 채 그저 기장이 스스로 알아차리도록 혼자서 중얼거렸다고 합니다. 뒤늦게 잘못된 길로 들어섰다는 사실을 깨달은 기장도 아무 소리 하지 않고 부기장의 등을 세게 쳤다고 합니다. 그런 다음에 활주로를 제대로 찾아가는 조치를 했다는 것입니다.

괌에서 추락한 대한항공 여객기의 블랙박스에 기록된 조종실 내의 대화 내용도 크게 다를 바가 없습니다. 사고 조사 결과에 따르면 부기장은 이미 문제를 알고 있었지만 제대로 말하지 못한 채 그저 기장의 조치를 불안하게 지켜만 봤다는 것입니다. 그러다가 추락 7초 전에야 착륙을 포기하자고 크게 외쳤고, 기장은 그로부터 4초가 지나서야 재상승 시도를 했지만 이미 늦어버렸습니다. 만약 부기장이 문제를 발견한 즉시 바로 조종간을 당겨 상승을 시도했다면 추락을 피할 수 있었다는 것이 사고조사팀의 결론이었습니다.

왜, 어떻게 이 같은 참사가 일어났을까요? 광범위한 조사에서 지적한 내용은 한국인의 독특한 언어 체계(모호한 말투와 다양한 경어 사용 등)와 상하 간의 위계질서를 엄격하게 따지는 유교 문화 등이었습니다. 사고 이후 대한항공은 델타항공의 전문가들로부터 정밀진단을 받았고, 그들이 내린 처방은 조종실 내에서는 모든 대화에 영어만 사용하도록 규정한 것이었습니다.

아무도 질문자로 나서지 않은 '경영진과의 대화'

많은 회사들은 사원들이 입사한 이후 여러 종류의 교육 프로그램을 실시합니다. 신입사원 교육부터 시작하여 신임 과장, 신임 부장 교육뿐만 아니라, 각 회사 단위에서 자체적으로 하는 교육도 많습니다. 일반적으로 교육 프로그램의 마지막 코스는 '경영진과의 대화'로 구성됩니다. 요즘 젊은 사원들은 대체로 의사표현에 적극적이지만 우리 세대만 하더라도 상사에게 직접 질문하기를 꺼렸습니다. 하물며 회사의 경영진과 대화에 나선다는 것은 상당한 용기를 필요로 하는 일이었습니다. 그래서 교육 담당자가 강제로 질문자를 지정하거나, 사전에 질문서를 제출하게 하고 채택된 사람이 질문하도록 결정하는 경우도 있었습니다. 교육에 참가한 사원 대부분은 제발 질문자로 선정되지 않기를 바라며 그저 듣는 것으로 그 시간을 보내길 희망합니다.

1990년 후반에 있었던 일로 기억합니다. 당시 울산공장 부문장께서 현장 총반장을 한자리에 모아놓고 '부문장과의 대화' 시간을 가졌습니다. 회사 측에서 사전에 질문자와 질문 내용에 대한 준비가 없었는지, 한 사람도 대화에 나서지 않는 황당한 일이 벌어졌습니다. 당시 부문장께서 간단한 인사와 당부의 말씀을 한 다음 회사에 대해 궁금한 점이 있다면 무엇이라도 질문하라고 했지만 아무도 나서지 않았습니다.

어색한 침묵의 시간이 흐르고, 보다 못한 부문장께서 "도대체 불만이 그렇게 많다고 들었는데 멍석 깔아놓으니 아무 말도 하지 않네"라며 씁쓰레한 표정을 지어 보였습니다.

네덜란드의 사회학자인 홉스테드(Geert Hofstede)는 한 나라의 문화에서 권력을 보는 시각적 차이를 가리키는 말로 '권력거리(Power Distance)'라는 새로운 개념을 제시했습니다. 이 개념은 조직이나 집단의 권력을 적게 가진 계층이 느끼는 권력 불평등의 정도를 말하며, 특히 회사 조직에서는 부하들을 상사들로부터 격리하는 감정적 거리를 의미합니다. 권력의 간격이 크다는 것은 권력의 계층 간 거리가 멀어서 부하 직원들이 상급 직원들을 지나치게 우대하며, 그들의 말에 의존하는 경향이 강한 관계를 의미합니다.

많은 사회학자들의 연구에 따르면, 문화적인 특성에 따라 권력거리의 크기가 달라지는데 우리나라는 매우 큰 편에 속합니다. 그래서 말콤 글래드웰은《아웃라이어》에서 권력거리가 항공기 사고의 많은 원인이었다는 연구 결과를 인용하면서, 대한항공이 조종실 내의 권력거리를 낮추기 위해 노력한 내용을 소개하고 있습니다.

리더가 새로운 조직을 맡으면 현황을 파악하고 앞으로 해야 할 일들을 구상하면서 구성원들과 대화나 면담을 하는 경우가 많습니다. 이를 통해 무엇인가 얻으려 하지만 기대에 미치지 못하는 경우도 많습니다. 구성원들 입장에서는 개인적인 친밀도가 낮은 상사와의 권력거리가 크기 때문이라고 생각합니다. 즐겁고 신나는 일터와 안전한 조직문화로 바꾸기 위한 전제조건 가운데 하나가 바로 권력거리를 줄이는 것입니다.

알코아를 바꾼
습관의 힘

습관을 바꾸면 인생이 달라진다

최근에 읽었던 책 가운데 안전과 관련되어 기억에 남는 것은 〈뉴욕타임스〉 찰스 두히그(Charles Duhigg) 기자가 쓴 《습관의 힘》입니다. 이 책의 특징은 작가가 논문 수천 편을 분석하고 과학자와 경영자 수백 명을 인터뷰함으로써, 우리 삶에 큰 영향을 미치는 습관의 메커니즘에 대해 사례를 들어가면서 재미있게 풀어나갔다는 점입니다. 이 책만큼 명쾌하게 습관을 바꾸는 비결을 제시한 책이 있을까 싶을 정도로, 습관이 형성되는 과정과 습관을 변화시키는 방법에 대해서 실험적인 자료를 토대로 체계적으로 잘 설명하고 있습니다.

우리는 일상생활을 하는 동안 "습관을 바꾸면 인생이 달라진다"라는 말을 여기저기서 많이 접합니다. 그만큼 살아가는 데 습관이 많은 영향을 미친다는 방증일 것입니다. 《습관의 힘》의 내용을 토대로 습관의 메커니즘을 살펴보고, 또 습관과 안전의 연관성에 대해서도 생각해보고자 합니다.

작가는 습관이 신호(Cue)와 반복행동(Routine) 그리고 보상(Reward)의 3단계 고리로 연결되어 있다고 보았습니다. 이 책에서 신호란 어떤 습관을 사용하라고 명령하는 자극이며, 반복행동은 신호를 수행하는 몸의 행동이고, 보상은 뇌가 이 반복행동을 계속 기억할 가치가 있는지 판단하는 기준이 된다고 설명합니다. 이러한 연결고리 가운데 신호와 보상, 이 두 가지가 반복행동을 유발하며, 특히 보상을 얻기 위한 열정이 반복행동을 더욱 가속화하는 동기를 부여하는 셈입니다. 때문에 궁극적으로는 지속적인 반복행동이 습관으로 완전히 굳어지게 된다는 것입니다. 습관이 형성된 다음에는 뇌는 두뇌활동을 최소화하고 지속적 반복성을 보이게 되므로, 새로운 반복행동의 패턴을 찾아야만 이 습관을 변화시킬 수 있다고 합니다.

결국 습관을 변화시키기 위해서는 신호와 보상을 그대로 두고 새로운 반복행동을 찾거나, 신호와 보상을 변화시켜 새로운 반복행동을 찾아내야 한다고 이해할 수 있습니다. 또는 완전히 새로운 신호와 보상체계를 만들어 전에 없던 새로운 습관을 만들어낼 수도 있습니다.

이 책에서는 새로운 습관을 만들어낸 대표적인 사례로 펩소던트 치약을 예로 듭니다. 1900년대 초 아무도 양치질을 습관화하지 않았던 시절, 펩소던트 치약은 광고를 통해 이를 닦지 않은 치아에는 더러운 치태가 형성된다는 사실을 알렸습니다. 이 광고를 통해 이를 닦아야 할 필요성에 대한 신호를 제공했고, 닦고 나서 하얗게 반짝거리는 아름다운 치아를 보여주면서 치아를 닦은 후의 보상을 제시했습니다. 이후 펩소던트는 전 세계인의 사랑을 받는 치약이 되었고, 사람들은 치아를 닦는 것을 당연한 습관으로 인식하게 되었다고 합니다.

사고율 제로에 도전한 알코아의 CEO 폴 오닐

다음으로는 책에서 언급한 기업의 습관에 대해서, 성공한 기업은 어떻게 습관을 변화시켰는지, 또 우리의 안전문화 정착에 필요한 시사점이 무엇인지 살펴보려고 합니다.

1987년 미국의 알코아라는 알루미늄 회사에 폴 오닐(Paul O'Neill)이라는 새로운 CEO가 취임했습니다. 모든 투자자 및 언론은 위기에 빠진 회사를 구하기 위해 그가 어떤 각오와 방향을 제시할지에 관심을 집중했습니다. 그러나 폴 오닐은 취임식장에서 투자자와 시장의 기대와 전혀 다른 엉뚱한 발언을 발표했습니다.

"저는 알코아를 미국에서 가장 안전한 기업으로 만들겠습니다. 사고율 제로를 목표로 할 겁니다."

전혀 의외의 내용에 어리둥절해하는 투자자들에게 결정적인 한마디를 더 날려버렸습니다. "오늘은 더 이야기하기 전에 이 방의 비상구 문제부터 지적하고 싶습니다."

취임식장에는 적막이 흘렀고, 연설이 끝나자 투자자들은 앞다투어 취임식장을 빠져나갔습니다. 그러고는 누가 먼저랄 것도 없이 공중전화 부스로 달려가 자신의 고객들에게 전화를 걸기 시작했습니다.

"알코아 주식을 빨리 파세요."

하지만 이러한 투자자들의 우려에도 불구하고 알코아는 폴 오닐이 경영을 맡은 이후 1년 만에 역사상 최고의 이익을 올렸습니다. 그가 물러난 2000년의 순이익은 취임 전보다 5배나 증가했고, 주식의 가치도 5배 상승했습니다. 과연 무엇이 알코아를 변화시킨 힘으로 작용했을까요? 과연 산업재해를 줄인 것이 효과를 보았던 것일까요?

사실 알코아의 신임 CEO는 취임 전 회사의 경영에 대해 여러 분야에 걸쳐 분석하고 대책까지 마련했습니다. 알루미늄 회사의 특성상 매우 위험한 작업을 수행해야 한다는 것과, 각종 안전사고에 대한 근로자들의 불안과 함께 회사의 산업재해 예방을 위한 대책도 미흡하다는 점을 간파했던 것이지요.

그는 안전의 습관화로 안전문화를 정착하는 것이 회사 경영을 변화시킬 수 있는 핵심 요인이라고 판단했습니다. 그의 생각대로 알코아는 산재 예방을 위한 모든 활동들을 수행하는 것을 최우선 과제로 삼았습니다. 가장 먼저 생산공정의 어떤 문제가 사고를 유발하는지를 파악하고 개선하는 활동부터 시작했습니다. 생산공정 개선은 다시 품질관리의 개선과 효율적 작업공정의 계기로 작용하면서, 더불어 사고율이 감소하기 시작하는 효과까지 거두었습니다.

이러한 사고율 감소와 공정 개선이라는 작은 성과는 결국 회사를 변화시키는 큰 힘으로 작용하기 시작했습니다. 관리자와 근로자 간의 의사소통이 활성화되면서 개인의 아이디어가 넘쳐나고, 회사의 각 조직도 서서히 변화하기 시작했습니다. 알코아의 안전우선 경영은 회사에 존재하였던 소통의 부재, 현상에 안주하려는 문화와 같은 나쁜 습관들을 하나하나 바꾸어나갔습니다. 알코아의 신임 CEO인 폴 오닐은 회사에서 변화시켜야 할 핵심 습관을 정확히 파악하고 개선하는 데 전력을 기울였고, 이는 회사의 성공으로 이어졌습니다.

그럼 폴 오닐이 회사 발전의 핵심 요인인 안전습관을 변화시킨 과정을 습관의 고리로는 어떻게 해석할 수 있을까요? 우선 기존의 안일한 안전습관을 바꿀 수 있었던 새로운 신호는 CEO의 강력한 의지와 산업재해 없는 안전한 사업장에 대한 근로자의 욕구였습니다. 보상은 안전한 사업장의 실현, 그리고 안전관리 우수 근로자에 대한 포상이었습니다. 이러한 신호와 보상을 CEO의 적극적인 리더십과 소통으로 근로자에게 확실하게 각인시킨 것이 해결의 열쇠였다고 해석할 수 있습니다.

폴 오닐은 나중에 당시의 상황을 이렇게 술회했습니다.

"나쁜 습관 하나를 고칠 수 있다면 그에 따른 변화가 회사 전체에 파급될 것으로 생각했습니다."

안전문화의 정착이 안전한 일터를 만든다

최근 국내에서도 화학물질 누출 등 사회적 우려를 불러일으킨 사고가 여러 건 발생했습니다. 이를 계기로 정부에서는 최고 경영층의 강력한 리더십과 안전에 대한 의지를 강조하고 있으며, 산업계에서도 안전 전담 조직을 강화하는 등의 조치를 취하는 상황입니다. 이러한 국내 상황에 폴 오닐의 안전경영 사례는 좋은 귀감이 될 수 있을 것이라고 생각합니다.

안전한 일터, 안전한 사회를 만들기 위해 가장 강조되고 있는 것 가운데 하나가 안전문화의 정착이라고 생각합니다. 안전문화가 정착되려면 우선적으로 근로자를 포함한 모든 국민이 안전에 대한 인식을 제대로 정립해야 한다고 생각합니다. 우리 사회의 모든 분야에서 어떠한 위험이 도사리고 있고, 어떻게 하면 안전사고를 예방할 수 있는지를 정확하게 인식해야 합니다. 그리고 이러한 인식 전환이 반복행동으로 나타나 안전습관으로 형성되어야 안전문화의 정착에 성공하는 것입니다. 말로만 하는 '안전 최우선(Safety First)'은 더 이상 우리의 안이한 습관을 변화시키지 못합니다. 이제는 우리도 알코아의 폴 오닐처럼 습관을 변화시킬 수 있는 신호와 보상이 무엇인지를 고민해봐야 할 것입니다.

우선 경영층과 안전관계자의 적극적인 소통을 통해 근로자의 안전에 대한 인식을 전환할 필요가 있습니다. 이를 통해 근로자 개개인이 스스로 안전을 확보해야겠다는 신호가 나타나야 하며, 안전한 행동이 지속적인 반복행동으로 이어져야 합니다. 그 결과로 산업재해가 없고 생산성이 높아지는 작업환경이 구현될 때, 비로소 안전습관이 형성되고 안전문화가 정착될 수 있을 것이라고 생각합니다.

우리 모두가 안전습관을 통한 안전문화 정착에 좀 더 노력한다면 사고 없는 행복한 사회가 이루어질 것이라고 확신합니다.

'악마의 변호인'은
무엇을 말하는가?

감언하는 신하와 간언하는 신하의 차이

몇 해 전 방영된 TV 드라마 〈정도전〉은 이런저런 화제를 모으며 높은 시청률을 기록했습니다. 드라마의 인기에 힘입어 주인공 정도전을 여러 각도에서 다룬 책들이 무더기로 쏟아지기도 했습니다. 주인공 정도전은 고려에서 조선으로 교체되는 격동의 시기에 새 왕조를 설계한 인물입니다. 태조 이성계를 도와 조선을 건국한 일등공신이지요. 정도전처럼 왕이나 제후의 곁에서 정책이나 책략을 세우는 등 중요한 역할을 하는 사람이 이른바 '책사'라고 불리는 참모입니다. 역사적으로 한 나라를 이끄는 군주가 어떤 참모, 즉 책사를 곁에 두느냐에 따라 개인의 운명과 나라의 흥망이 달라지는 경우를 많이 봅니다.

중국 역사에도 유명한 책사들이 많이 등장합니다. 춘추오패의 한 사람이었던 제나라 환공에게는 관중이라는 뛰어난 책사가 있었습니다. 훗날 공자도 그를 흠모할 정도였고, 도망자 신세에서 왕이 된 환공이 춘추 시대 제국의 지배자로 군림하게 된 것도 관중의 역할이 절대적이었다고 합니다. 또한 삼국지에 나오는 제갈량은 적수공권인 유비의 책사로 활약하면서 촉나라를 세웠습니다. 아버지 고조를 도와 당나라를 세우고, 나라의 기틀을 닦은 당 태종은 명신 위징의 조언을 받아 '정관의 치'라고 불리는 태평성대를 열었다고 역사는 기록하고 있습니다.

그런데 후세의 사람들은 이런 책사들의 지혜와 간언을 경청하고, 이를 실천한 군주의 기량을 더 높게 평가합니다. 이들은 책사들의 불편한 충고를 들을 때마다 속으로는 분노하고 괴로워했지만, 그래도 자신의 감정을 억누르고 대의를 따르는 훌륭한 정치를 펼쳤기 때문입니다. 신하는 군주에게 듣기 좋은 말만 하는 사람과 군주의 잘못을 직언하는 사람으로 나눌 수 있습니다. 감언하는 신하를 곁에 둔 군주는 실패했고, 간언하는 신하를 곁에 둔 군주는 성공했습니다.

1961년 4월, 취임한 지 3개월 된 케네디 대통령은 백악관 집무실에서 CIA 국장의 쿠바 침공 계획에 대한 브리핑을 들었습니다. 그 브리핑에는 당시 미국을 이끄는 핵심 참모들이 모두 참석해 있었습니다. 카스트로가 플로리다 반도의 코앞에 공산정권을 수립하자, 미국 정부는 쿠바를 침공하기 위한 계획을 세웠습니다. 미국에 거주하고 있는 쿠바 망명자 1,400명을 동원하여 쿠바 남쪽 피그스 만으로 상륙하여 카스트로 정부를 전복시킨다는 것이었습니다. 이 계획은 백악관 참모회의에서 만장일치로 승인받아 실행에 옮겨졌지만 결과는 참담했습니다. 단 사흘 만에 100여 명의 사상자가 생기고, 1,000여 명이 포로로

붙잡혀 철저히 실패하고 말았습니다. 이 사건은 쿠바에 대한 미국의 주권 침해 논란을 불러일으켰을 뿐만 아니라, 훗날 쿠바 사태라는 불씨를 남기는 결과를 초래했습니다.

나중에 밝혀진 일이지만, 이 계획은 처음부터 많은 허점과 오류가 있었는데도 미국을 이끄는 참모들 누구도 문제점을 지적하지 못했습니다. 그래서 훗날 미국의 심리학자 어빙 재니스(Irving Janis)는 이를 '집단 사고'라는 개념으로 설명했습니다. 즉 집단에 속한 사람들이 만장일치를 이루려는 집단적 심리 상태에 빠질 때, 뻔히 보이는 오류도 무시하거나 말하지 않는다는 것입니다.

절대 권력을 지녔던 왕권국가에서는 이런 일들이 일어나기가 더욱 쉽습니다. 왕의 눈 밖에 나면 곧 죽음이나 마찬가지였으니까요. 목숨을 내놓을 각오가 없다면 감히 왕의 뜻을 거스르는 이야기를 하기 어려운 상황이었습니다. 그래서 관중이나 제갈량, 위징 같은 신하들이 더 돋보이는 것이겠지요.

일사불란하고 경직된 조직문화가 사고를 부른다

2014년 8월, 프란치스코 교황께서 우리나라를 방문하여 여러 가지 행사에 참석했는데, 그중에서도 가장 중요한 행사는 조선 말기 천주교 탄압으로 인해 목숨을 잃은 분들에 대한 시복식이었습니다. 시복식은 세상을 떠난 신자 가운데 성덕이 높은 사람을 성인이 되기 직전 단계인 복자로 추대하는 의식을 말합니다. 성인이나 복자로 추대한다는 것은 모든 신자들이 그 사람을 롤모델로 삼는다는 의미가 있기 때문에 선정하는 과정이 매우 엄격하다고 합니다. 따라서 심사 과정에서 조그만 흠집이 발견되어도 탈락할 수밖에 없습니다.

대체로 복자로 추대되는 인물들은 많은 사람들에게 칭송받거나 존경받는 사람들입니다. 이런 이유로 심사할 때 쉽게 만장일치로 의견이 모일 수밖에 없습니다. 이런 상황에서는 제대로 된 심사가 어렵기 때문에 몇십 년 전까지도 '악마의 변호인(Devil's Advocate)' 제도가 있었다고 합니다. 심사원 가운데 한 명은 무조건 심사 대상자의 흠집만 찾아내 추대하면 안 되는 이유를 설명하게 한다는 것입니다. 그럼에도 불구하고 이 과정을 통과한 사람만이 성인이 되고 복자가 될 수 있다고 합니다. 집단사고의 오류를 막기 위한 장치였겠지요.

조직에서 집단사고의 위험을 예방하려면 '악마의 변호인' 역할을 하는 사람이 있어야 합니다. 위징은 당나라가 태평성대를 이루고 있음에도 불구하고 태종이 조금이라도 정도를 벗어났다고 생각하면 서슴없이 간언을 했습니다. 군주가 백성을 위하는 정치를 할 수 있도록 악마의 변호인 역할을 충실히 한 것입니다.

힘든 작업을 하거나 사고 위험이 높은 현장일수록 지휘계통이 일사불란하고 명확한 특성을 지니고 있습니다. 항상 사고의 위험이 도사리고 있어서 어느 정도의 긴장감을 유지해야 하기 때문입니다. 그래서 어떤 경우는 상사의 한마디가 유일한 결론이고, 따라서 바로 행동으로 이어지는 경우도 있습니다. 그러나 현장 분위기가 지나치게 경직된 상태에서 일에 대한 균형감각을 잃어버리면 사고가 발생하거나 집단사고의 부작용이 뒤따를 수 있습니다.

정유공장은 공정의 규모가 매우 커서, 운전 조건을 바꾸거나 처리량을 변동할 때 매우 신중해야 하고 일손도 많이 필요합니다. 그런데 어느 날 처리량을 급하게 상향할 일이 있었고, 마침 그 순간에 가열로의 운전 조건을 바꾸어야 할 일이 생겼습니다. 처리량과 가열로 운전 조건은 매우 밀접한 관계를 가지고 있기 때문에 두 가지 일을 동시에 하면 상태가 매우 불안정해질 수 있습니다.

당시 팀장은 이런 상황을 정확히 파악하지 못한 채 현장 책임자에게 동시에 시행할 것을 지시했습니다. 이 지시를 받은 현장 책임자는 힘들고 위험한 일임을 알면서도 상사의 지시에 그대로 따라야 한다는 생각에 곧바로 운전 조건을 바꾸기 시작했습니다. 그러나 우려했던 대로 처리량을 올리는 과정에서 가열로 운전에 문제가 생기는 바람에 오히려 처리량을 순간적으로 낮추어야 하는 상황이 되어버렸습니다. 이 사고 때문에 가열로 운전을 다시 안정시키는 데 많은 인력과 시간과 비용을 투입해야 했습니다.

왜 현장 책임자가 팀장의 무리한 지시에 이의를 제기하지 않았는지 조사한 결과, 조직의 경직된 문화가 원인이었습니다. 직위에 관계없이 다른 의견이 스스럼없이 개진될 수 있어야 건강한 조직이고, 그리고 다른 의견을 낼 수 있는 사람이 바로 '악마의 변호인' 역할을 하는 사람입니다.

안전과 관련해 조그만 위해요소라도 발견하면 누구나 스스럼없이 이를 제기할 수 있고, 그런 것들이 자연스럽게 여겨지는 조직문화가 안전한 현장을 만드는 것입니다.

당신의 경쟁력은
무엇인가?

어디 가서 폼을 잡기 위해 박사학위가 필요하다?

인사청문회를 거쳐야 할 고위직 관료에 대한 인사가 있을 때마다 후보들에 대한 하마평으로 설왕설래하는 것은 이제 익숙한 풍경입니다. 청문회가 시작하기 전에 이런저런 문제가 드러나 낙마하는 사람들도 있고, 청문회 과정에서 결격 사유들이 드러나면서 전국적으로 망신을 당하는 사람들도 드물지 않습니다. 업무 능력뿐만 아니라 엄격한 도덕적 잣대를 들이대는 바람에 인사청문회를 통과하는 게 낙타가 바늘구멍 지나가기만큼이나 어려운 일이 되어버렸습니다.

고위직 인사의 도덕성과 전문성을 평가하는 잣대 가운데 단골 메뉴로 등장하는 이슈가 바로 '논문 표절' 여부를 밝히는 일입니다. 실제로 우리 주위에서 논문 표절로 곤욕을 치르는 사람들을 쉽게 볼 수 있습니다. 청문회와 관련이 없는 유명 인사와 학자들까지 논문 표절 여부를 두고 논쟁을 벌이기도 합니다. 마녀사냥으로 생매장당하는 사람이 있는가 하면, 표절의 누명을 벗고 기사회생하는 사람들도 있습니다.

실제로 업무 관계로 만나는 외부 사람들, 특히 공기업이나 정부 기관에 근무하는 사람들은 대부분 박사학위를 가지고 있거나 아니면 석사학위라도(?) 소지하고 있습니다. 그리고 기술 분야에서 일하는 사람들을 만나면 거의 예외 없이 기술사 자격증의 소유자입니다. 모두 자신의 명함에다 당당히 밝히기 때문에 쉽게 알 수 있습니다. 그렇다면 왜 우리나라 사람들은 학위나 기술사 등 자격증에 집착할까요?

실제로 지인들 가운데 대학에서 교편을 잡는 친구들이나 먼저 퇴직하신 선배들은 하나같이 현역에 있을 때 석사학위라도 취득해두라고 이구동성으로 충고합니다. 인생 2막에 도전하거나, 아니면 어디 가서 폼이라도 잡으려면 학위가 중요하기 때문이라고 말합니다. 박사학위나 기술사 자격증을 가지고 있으면 그 분야의 전문가로 대접받을 수 있으니까요.

그동안 제 자신도 후배나 직원들에게 자신의 분야에서 전문가가 되라는 이야기를 수없이 했습니다. 그러면서도 '전문가란 누구인가? 어떻게 하면 전문가가 되는가?'라는 질문에 대해 명확한 답변을 하거나 정의를 내릴 형편이 아니었습니다. 단지 자신이 일하는 분야에서 다른 사람들이 두루 인정할 때 비로소 전문가가 되는 게 아닌가 하는 막연한 생각만 가지고 있었습니다. 우리 주위에는 자기 혼자 전문가로 자부하는 사람들이 너무 많으니까요.

전문가의 기준과 관련해서 오래전 퇴직한 후배 엔지니어가 생각났습니다. 입사해서 현장 부서에서 근무하다가 퇴직 전에는 한 공장에서 제법 오랫동안 근무한 것으로 기억합니다. 어느 날 부장님(지금은 공장장이지만 당시 직책으로는 부장)께서 그 후배를 다른 현장으로 보내려고 의향을 물어보았습니다. 그런데 후배는 지금 근무하는 공정에 대해서는 회사 내에서 자신이 최고 전문가인데 어떻게 다른 곳으로 보내려고 하는지 이유를 모르겠다며 이의를 제기했습니다. 지금처럼 중요한 시기에 자기가 없으면 안 된다는 이야기를 곁들여가면서 말입니다. 그때 부장님께서 이렇게 말씀하신 것으로 기억합니다.

"내가 생각하기에는 아무도 자네가 회사 내에서 이 공정에 관해 최고 전문가라고 생각하지 않을 것 같다. 나부터도 그렇게 생각하지 않으니 말이지."

그 후배에게는 너무 가혹한 이야기였지만, 옆에서 듣고 있었던 제 생각도 부장님과 별반 다르지 않았습니다. 후배 스스로는 굉장한 전문가라고 생각했는데, 다른 사람은 전혀 그렇게 생각하지 않았으니까요. 혼자만 전문가로 착각하고 있었던 셈이었습니다. 결국 그 후배는 다른 공정으로 옮겨가게 되었습니다.

직장인에게 가장 중요한 것은 직무 지식

'직장에서 전문가란 누구인가?'라는 물음에 대해 인사 관련 전문가의 글을 읽은 적이 있습니다. 바둑 기사들은 급수나 단이 있기 때문에 금방 전문가인지 아마추어인지 알 수 있고, 변호사와 약사, 의사처럼 정부가 인정하는 자격증을 가지고 있다면 그 분야의 전문가로 인정받을 수 있을 것입니다. 그러나 직장인의 업무 능력을 심사하거나 자격증을 발행하는 기관이 없기 때문에 직장 내의 전문가를 정의하기란 어려운 일입니다. 다만 회사 생활을 하는 직장인과 관련해 전문가로 평가하는 기준을 몇 가지 제시할 수는 있을 것입니다.

우선 직장인에게 가장 중요한 것은 직무 지식입니다. 직무 지식이란 업무 처리에 필요한 전반적인 지식을 뜻합니다. 여기에는 업무 수행의 노하우, 해당 분야에 대한 지식, 어학 능력이 포함되는데, 회사에서 오랫동안 그 업무를 했다고 해서 자연적으로 쌓이는 것은 아닙니다. 단순히 업무와 관련된 지식의 축적이 아니라, 업무의 완성도와 속도를 높이고 업무 성과를 내는 데 유기적으로 사용되었을 때 직무 지식을 갖추었다고 이야기할 수 있습니다.

그리고 자신이 속해 있는 산업 분야에 대해 전문적인 지식을 갖추어야 합니다. 현재 맡고 있는 업무의 기능적인 지식뿐만 아니라 관련 산업 분야에 대해서도 전반적인 지식을 갖추어야 합니다.

하나 더 추가하자면 비슷한 분야에서 비슷한 일을 하는 사람들 가운데 자신의 업무 능력이 우위에 있을 때 내부와 외부에서 전문가로 인정받을 수 있다는 것입니다. 언젠가 연수 중 리더십 분야의 전문가인 교수님과 이야기를 나눌 기회가 있었습니다. 그분이 제게 던진 화두는 바로 이런 것이었습니다.

"당신과 동일한 위치에서 같은 일을 하고 있는 경쟁사의 임원과 비교할 때 당신의 수준은 어느 정도라고 생각하는가? 더 나아가 세계적인 기업에서 당신과 같은 일을 하는 사람들과 비교하여 당신은 어떤 경쟁력을 지니고 있는가?"

사실 이 질문에 마땅한 대답을 찾을 길이 없었습니다. 왜냐하면 당시에는 제가 가진 경쟁력의 수준조차 파악되지 않았고, 세계적인 기업에서 일하는 임원들에 대해서는 생각해본 적이 없었으니까요.

진정한 전문가는 수직적으로 자신의 업무에 대해 전문성을 가져야할 뿐만 아니라, 수평적으로 자신이 속한 산업계의 흐름을 파악하는 노력을 병행해야 합니다. 일반적으로 회사 내에서 전문가란 지금 현재 동일한 분야, 동일한 위치, 동일한 일을 하는 사람들 가운데 자신이 얼마나 비교우위에 있는가 하는 기준으로 판단해야 할 것입니다. 앞으로 5년 후, 10년 후에도 전문가로 자리 잡기 위해서는 부단한 자기계발이 필요합니다. 이런 노력과 능력이 쌓여가면서 회사에서뿐 아니라 업계에서도 전문가로 인정받게 될 것입니다.

살아 있는 지식이라야
쓸모가 있다

읽었던 책, 까먹은 책, 생생한 책

많은 사람들이 인터넷이나 홈쇼핑을 통해 필요한 물품을 구입하는 것이 일반화된 세상입니다. 책에 관한 한 그래도 서점에 가서 읽고 싶은 책의 목차와 내용을 대충 훑어보는 등 실물을 확인하려고 하지만, 도서 구입도 예외가 아닌 것 같습니다. 우선 서점에 가는 것 자체가 쉽지 않은 일이어서 대부분 인터넷서점을 통해 책 정보를 확인하고 구입하는 데 점차 익숙해지고 있습니다.

인터넷서점을 통해 책을 구입하면서 결제할 때, 지금 주문하는 책의 과거 구입 여부를 확인하는 절차가 있습니다. 물론 반드시 실행할 필요는 없지만 처음엔 아주 신기하게 생각했습니다. 이미 구입했던 책을 다시 주문하는 사람이 있을까 하고 생각하면서 한번 호기심으로 확인했더니, 어이없게도 어떤 책은 과거에 구입한 적이 있다고 나오는 것이었습니다. 곰곰 생각하니 읽었던 것 같기도 하고 아닌 것 같기도 했습니다. 일단 주문을 취소한 후 책장을 확인해보니 사고자 했던 책이 꽂혀 있었고, 시간은 제법 흘렀지만 예전에 읽은 흔적까지 확인할 수 있었습니다.

한번은 어떤 모임에서 제가 읽었던 책이 화제가 된 적이 있었습니다. 내심 반가웠지만 대화는 그 책에 나왔던 내용에 대해 구체적인 사례를 가지고 진행되면서 뭐라고 이야기할 만한 게 없었습니다. 어슴푸레 알기는 하지만 제 생각까지 넣어서 이야기하기에는 내용이 정리되지 않는 것이었습니다. 하는 수 없이 이미 읽었던 책 내용에 관한 대화임에도 불구하고 아무 이야기도 못한 채 그저 다른 사람들의 이야기를 들을 수밖에 없었습니다.

저는 정도의 차이가 있긴 하지만 책장에 있는 책을 보면 대강 세 종류로 나누어집니다. 어떤 책은 이미 읽었지만 내용이 전혀 기억나지 않고, 어떤 책은 전체는 모르지만 어렴풋이 줄거리가 기억에 남아 있고, 또 어떤 책은 시간이 흘러도 내용을 생생하게 기억하고 있습니다.

예를 들면 서머싯 몸의 자전적 소설 《인간의 굴레》는 대학생 시절에 읽었음에도 불구하고 전체 스토리가 아직도 머릿속에 생생하게 남아 있습니다. 그래서 소설을 처음 읽을 때의 느낌이 그대로 살아 있는 것 같습니다. 그런데 읽은 지 6년이 지난 도스토옙스키의 소설 《지하생활자의 수기》는 전체 줄거리조차 생각이 나지 않습니다. 두껍고 난해한 내용으로 가득 찬 책을 마치 공부하듯이 읽으면서, 저자가 독자에게 전하려고 하는 메시지가 무엇인지 찾으려고 했던 기억만 남아 있을 뿐입니다. 그런가 하면 자기계발서의 일종인, 김주한 교수가 쓴 《회복탄력성》 같은 책은 읽은 지 몇 년이 지났지만 책 내용까지 또렷하게 기억이 납니다.

책을 읽은 후 이처럼 기억에 차이가 나는 이유가 무엇일까요? 책 내용이 너무나 감명 깊고 재미있어서 생생하게 기억에 남았을 수도 있고, 어떤 책은 업무나 교육 때문에 내용을 정리해야 했으므로 기억에 남았을 수도 있을 것입니다. 아니면 재미가 없거나 이해가 되지 않아서 기억하지 못하는 경우도 있을 것입니다.

세상에는 두 가지 종류의 지식이 있다

ISO 9001을 우리 회사에 도입한 것이 1990년대 초반이었습니다. 당시 품질경영이 시대적 화두였고, ISO 9001 인증을 받는 것이 품질경영의 기본이라고 인식하고 있었습니다. 따라서 많은 회사가 인증을 받기 위해 노력했는데 우리라고 예외가 아니었습니다.

ISO 9001 인증의 가장 기본은 품질 시스템, 즉 작업의 절차를 제대로 갖추는 것이었습니다. 당시 우리 회사에는 각 팀별로 업무매뉴얼 정도만 있었을 뿐, 그것을 시행하는 데 따르는 체계적인 절차가 없었습니다. 저는 그때 윤활유생산과장을 맡고 있었는데, 입사 이후 윤활유 파트는 한 번도 해본 적이 없는 생소한 업무였습니다. 특히 윤활유생산과는 엔지니어가 없는 조직이어서 ISO 심사를 준비하는 데 많은 어려움을 겪었습니다. 다른 생산과도 마찬가지였지만 윤활유생산과에는 업무매뉴얼조차 없었고, 업무는 공정에 비해 위험도나 난이도가 떨어지지만 종류가 다양하고(기유 도입부터 제품생산 출하까지) 비정형적인 일이 많아 표준화하기가 쉽지 않았습니다. 게다가 업무의 일부는 도급회사 직원들이 수행하고 있어 하나의 기준으로 통일한다는 게 불가능해 보였습니다.

어쨌건 윤활유 파트의 스텝 엔지니어들 중심으로 작업표준을 만들기 시작했는데, 구체적인 내용을 잘 몰랐던 제가 봐도 이상한 부분이 너무 많았습니다. 그래서 이참에 업무도 정확히 파악할 겸 직접 업무표준을 만들기로 결심하고 작업에 착수했습니다.

현장 작업표준이니만큼 총반장과 교대반장들이 내용을 정확히 알 것이라고 생각하고, 작업표준을 작성하기 전에 한 사람씩 불러서 확인 절차에 들어갔습니다. 자신이 맡고 있는 구체적인 업무에 대해 시작부터 완료까지 전 과정을 상세히 물어보고, 이를 토대로 업무표준을 만드는 방식으로 진행했습니다.

그런데 놀랍게도 같은 업무에 대해서도 일하는 방식이 각각 달랐을 뿐만 아니라, 심지어 어떤 교대반장은 질문에 제대로 대답하지 못하는 부분도 상당히 많았습니다. 그리고 현장 운전원들에게 같은 질문을 했더니 자신의 일을 어떻게 하고 있는지에 대해 정확하게 모르는 사람들도 있었습니다. 그렇다고 해서 현장의 일이 잘못되고 있는 것은 아니었고, 제품은 아무런 문제 없이 생산 과정을 거쳐 출하되고 있었습니다.

프로세스 현장과장으로 돌아오자마자 제일 먼저 확인해본 것이 바로 작업표준이었습니다. 가장 눈길을 끈 것은 '현장작업표준'이라는 제목의 두꺼운 작업표준 책자였습니다. 현장에서 일어나는 모든 일을 한 가지 작업표준에 담아놓은 데다 너무 두꺼워 어디에 무슨 내용이 있는지 확인하기 어려울 정도였습니다. 마침 울산공장 차원에서 작업표준 재정비가 주요 과제로 떠올라, 내친김에 새롭게 정리하려고 마음먹고 윤활유 파트에서 했던 것과 비슷한 방법으로 정비를 시작했습니다. 이미 작업표준이 만들어져 있는 상태에서 분류를 새롭게 하고, 빠진 부분을 확인해서 보완하는 수준으로 개선을 시도했습니다.

세상에는 두 가지 종류의 지식이 있다고 말할 수 있습니다. 하나는 내가 알고 있다는 느낌은 있는데 남에게 설명할 수 없는 지식이고, 또 하나는 내가 알고 있을 뿐만 아니라 남에게 설명할 수도 있는 지식입니다. 내가 알고 있는 지식이라도 남에게 설명하고, 이해를 구하고, 공감할 수 있어야 살아 있는 지식이라 할 것입니다. 살아 있는 지식이라야 쓸모가 있고, 쓸모가 있어야 남에게 도움이 될 수 있으니까요.

남에게 설명할 수 있는 지식이 진짜 지식이다

미국 텍사스대 심리학과 교수인 아서 마크맨(Arthur B. Markman)이 인지심리 관련 연구논문에서 주장한 내용입니다. 내가 알고 있다는 느낌의 지식은 실제로 알고 있는 지식이 아니기 때문에 진짜 지식이 아닙니다. 다만 자주 경험해서 친숙하기 때문에 내가 잘 알고 있다고 착각하고 있을 뿐입니다. 예를 들어 우리는 현장에서 매일 펌프를 보기 때문에 펌프에 대해 잘 알고 있다고 생각하지만, 펌프의 작동 원리나 이론에 대해 설명해보라고 하면 말문이 막히는 경우가 많습니다.

제가 읽었던 책 가운데 내용이 잘 기억나는 것도 마찬가지입니다. 《인간의 굴레》와 《회복탄력성》 같은 책의 내용을 지금도 생생하게 기억하는 것은 다른 사람들에게 강연하고 이야기할 때 자주 인용했기 때문일 것입니다. 작업표준을 만들면서 많은 혼란이 있었던 이유 가운데 하나도 남들과 공유할 수 있는 진짜 지식을 가진 사람이 생각보다 많지 않았다는 점입니다.

ISO를 도입한 지 이제 20년의 세월이 훌쩍 지났습니다. 그런데 지금 우리가 가지고 있는 잘 정비된 작업표준이나 절차를 얼마나 제대로 이해하고 지키는지는 여전히 미완의 숙제로 남아 있습니다. 그래서 작업표준 재교육을 지속적으로 실시하고 있는데, 사실 교육을 받는 당사자들 입장에서 보면 같은 내용을 반복적으로 학습하는 것이니 재미가 없을 것입니다.

얼마 전 어느 팀에서 작업표준 교육을 할 때, 전문가로부터 설명을 듣는 게 아니라 교육생이 스스로 공부해서 발표하는 방식으로 진행했다고 합니다. 그 결과 일방적으로 설명을 듣는 것보다 남들에게 설명할 때가 훨씬 교육 효과가 좋았다는 이야기를 들었습니다. 바로 설명할 수 있는 지식, 즉 진짜 지식으로 만들어졌기 때문입니다.

회사의 안전과 신뢰의 수준을 높이는 것은 우리 모두가 자기 일에 대해 진짜 지식을 가질 수 있을 때 가능하다는 것은 말할 필요도 없을 것입니다.

돈으로 살 수
없는 것들

세상에 존재하는 모든 것이 거래 대상이다

　하버드대학교 마이클 샌델 교수가 쓴 《정의란 무엇인가》라는 책이 우리나라에서 출간되었을 때 선풍적인 인기와 화제를 모았습니다. 처음 출간될 때만 해도 매우 철학적이고 현학적인 책이 우리나라에서 그렇게 많이 팔릴 줄은 아무도 몰랐다고 합니다. 그래서 호사가들은 그만큼 우리 사회가 정의롭지 못하다는 증거이며, 또 많은 사람들이 정의에 목말라 있었기 때문이라고 해석하기도 했습니다. 어쨌건 우리 사회의 정의 수준과는 상관없이 샌델 교수는 우리나라에서 하루아침에 유명 인사가 되었습니다. 자신의 책이 베스트셀러가 된 덕분에 국내 여러 군데서 초청강연을 하기도 했습니다.

　2012년에는 다시 대학에서 강연한 내용을 정리하여 쓴 새로운 책

《돈으로 살 수 없는 것들》의 한국어판이 출간되었습니다. 초판이 출간된 후 3달 만에 33쇄까지 발행하는 연타석 베스트셀러가 되는 바람에 우리나라에서 '샌델 신드롬'이라는 말이 나올 정도로 독자들의 반응이 뜨거웠습니다.

이 책을 처음 읽었을 때는 재미있다는 생각과 함께, 당연시했던 것들에 대해서 다른 시각으로 볼 수도 있다는 느낌을 받았습니다. 읽을 당시는 큰 감명이 없었는데, 세월호 참사를 보면서 이 책에서 다루는 문제의식이 다시 떠올랐습니다. 세월호 참사에는 여러 원인들이 영향을 미쳤겠지만 궁극적으로는 돈 문제가 아닌가 하는 생각이 들었기 때문입니다. 여객선 운항 회사는 돈을 더 많이 벌기 위해 법을 어기는 행위가 생활화되었습니다. 비용을 줄이거나 수입을 늘리기 위해 탈법, 불법 행위를 하는 과정에서 안전을 위협하다가 결국은 참담한 비극을 맞이하게 된 것입니다. 그래서 세월호 참사 이후에 이 책을 다시 읽었는데 처음 읽었을 때와는 달리 많은 여운이 남았습니다.

이 책의 첫 장에서 샌델 교수는 이 책을 낸 이유에 대해 분명하게 이야기합니다.

"세상에는 돈으로 살 수 없는 것들이 있다. 하지만 요즘에는 그리 많이 남아 있지 않다. 모든 것이 거래 대상이기 때문이다."

책의 첫 구절을 이렇게 시작하면서 샌델 교수는 사고판다는 논리가 물질적 재화에만 그치지 않고 점차 현대인의 삶 전체를 지배하기 시작했다고 경종을 울립니다. 우리는 과연 이렇게 살아야 하는지에 대한 강한 문제의식이 책 집필의 출발점이라는 것입니다.

건강, 교육, 공공안전, 환경보호, 임신과 출산까지 시장논리가 개입하는 현상은 30년 전에는 생각지도 못했던 일들이었다고 지적합니다. 오늘날 우리는 이런 것들을 당연하게 받아들이면서, 이젠 모든 것을 사고파는 사회를 향해 나아가고 있다고 우려를 표명합니다. 이렇게 되어서는 안 되는 것은 바로 그것이 불평등과 부패를 초래하기 때문이라고 이야기합니다. 그래서 돈으로 살 수 있는 것과 없는 것이 무엇인지 결정하기 위해, 사회적 삶과 시민 생활을 구성하는 다양한 영역을 어떤 가치로 지배해야 하는지 판단해야 한다고 주장합니다. 이런 문제에 대해 고민하는 철학서지만 여러 사례를 통해 문제 제기를 하기 때문에 독자 스스로 생각할 공간이 많이 남아 있습니다.

생명보험은 삶과 죽음을 거래하는 시장

이 책에서 문제를 제기하는 다섯 개 주제를 간단히 정리해보려고 합니다.

첫째, 새치기에 관한 이야기인데, 돈을 받고 대신 줄 서는 사업은 타당한가에 대한 논리입니다. 예를 들어 중국의 유명 의사에게 진료 받으려면 예약을 하고 진료 날짜를 결정하는 게 순서입니다. 그런데 중국의 어떤 병원에서는 아프지도 않은 사람이 예약만 하고, 이를 급한 환자들에게 판다는 것입니다. 다른 예로서 미국 의회 공청회 입장권은 선착순으로 배정하는데, 로비스트들이 노숙자를 고용해 대신 줄을 서게 해서 입장권을 챙긴 다음 자신들이 공청회에 참석한다는 것입니다. 과연 이것은 타당한가에 대해 질문을 던집니다.

둘째, 인센티브에 관한 이야기인데, 저는 이 부분에 제일 관심이 많았습니다. 왜냐하면 우리도 현재 이런 제도를 시행하고 있기 때문입니다. 책에서 든 예로, 미국의 어떤 주에서는 학생들이 책 읽는 것을 장려하기 위해 책을 한 권 읽으면 2달러를 지불한다고 합니다. 또한 학생들의 성적이 향상되면 교사들에게 일정액의 인센티브를 주는 주도 있다고 합니다. 저자는 이런 것들이 옳지 않다고 주장합니다. 독서 자체에 취미를 가지도록 도와주어야 하는데, 돈을 주면서 장려한다면 오히려 돈을 목적으로 독서하는 모순적인 사고방식을 가지게 만든다는 것입니다.

셋째, 시장이 도덕성을 밀어내는 문제에 대해 이야기했습니다. 예를 들어 우리나라도 쉽게 접하는 현상인데, 미국에서는 어버이날 부모님께 드리는 선물로 가장 각광받는 것이 현금이라고 합니다. 경제적 관점에서 보면 주는 측과 받는 측 모두 경제적 가치를 극대화할 수 있지만, 전통적 관점에서 선물이 가지는 의미에 배치된다고 문제를 제기했습니다.

넷째, '삶과 죽음의 시장'이라는 제목으로 생명보험에 관한 문제를 다루고 있습니다. 미국에서는 생명보험을 든 사람들에게서 보험증서를 사들인 다음, 그 사람이 사망하면 대신 보험금을 수령하는 사업이 만연하다고 합니다. 결국 보험증권을 사들인 사람은 당사자가 빨리 죽어야 수익률이 높아진다고 지적하면서, 목숨을 가지고 거래하는 행위에 대해 문제 제기를 하는 것입니다.

다섯째, 명명권에 관한 이야기를 다루고 있는데, 우리나라에서도 이미 흔한 일이 되어버렸습니다. 예를 들면 공공성을 가지고 있는 지하철역 이름으로 지역이 아니라 대학 이름을 사용해주는 대신 사용료를 받는 행위에 대해 이야기하고 있습니다.

앞서 설명한 샌델 교수의 논리에 대해 부분별로 동의하는 사람과 그렇지 않은 사람이 있을 수 있습니다. 일단 그의 주장이 옳고 그름을 떠나 지금 우리 사회가 처한 여러 가지 문제에 대해 많은 시사점을 주는 것은 사실입니다.

이 책을 감수한 숭실대 김선욱 교수가 남긴 말이 인상적입니다.

"무엇이든 '하면 된다'는 사고는 우리 사회를 경제 중심적으로 이끌어나갔다. 그런데 그런 노력이 진행되면서 시장논리가 우리의 의식을 지배해버렸다. 이 시점에서 우리에게 필요한 것은 하면 안 되는 것, 돈으로 사려고 해서도 팔려고 해서도 안 되는 것이 무엇인지를 생각해야 한다."

이 책을 다시 읽고 떠오르는 아픈 추억은 몇 해 전 듀폰코리아의 어느 부장님이 우리 회사에 와서 임원과 팀장들을 대상으로 했던 안전과 관련한 강연 내용이었습니다. 개인적으로 한 사회와 기업을 지탱하는 가치관과 문화가 왜 중요한지를 깨닫는 계기가 되었기 때문입니다.

그는 우리에게 듀폰의 안전 철학과 그들의 활동을 소개하면서 이렇게 이야기했습니다.

"많은 우리나라 대기업들은 안전기록을 달성하면 돈을 많이 준다고 들었고, 기념품으로도 좋은 것을 준다고 들었다. 듀폰은 1년간 무사고를 기록하면 1인당 10달러 정도를 준다. 돈은 국내 대기업들과 비교할 수 없을 만큼 적은 액수지만 우리는 그 기록을 달성한 것을 명예롭게 생각한다. 더불어 나뿐만 아니라 같이 일하는 동료 누구도 다치지 않고 한 해를 보냈다는 것에 대해 무한한 자부심을 느낀다. 비록 대우는 국내 대기업보다 못할지 모르지만 안전에 관해선 우리가 더 잘한다는 평판을 받는다고 확신한다."

자만하는 병사는
반드시 패한다

9회 말 투 아웃 이후의 역전 드라마

사람들은 스포츠 경기를 관람할 때 짜릿한 승부가 주는 쾌감을 즐깁니다. 육상경기의 100미터 달리기나 400미터 계주가 인기를 끄는 것도 짧은 시간에 승부가 결정되고 인간의 한계에 도전하는 극적인 요소 때문일 것입니다. 야구는 물론 축구나 배구, 농구 등 구기 종목도 손에 땀을 쥐게 하는 승부의 순간순간을 즐길 수가 있습니다. 누가 뭐래도 스포츠 경기의 백미는 막판에 승부가 뒤집히는 역전 드라마일 것입니다. 이미 승부가 기울어진 경기의 마지막 순간에 기적과 같이 역전 드라마가 펼쳐지는 경우가 비일비재합니다. 그래서 마지막 종료 휘슬이 울릴 때까지 자신이 응원하는 팀이 지고 있어도 혹시나 하는 마음에 경기에서 눈을 떼지 못합니다.

야구 경기는 특히 극적인 역전 드라마가 많아 인기가 높습니다. 야구 용어인 '9회 말 투아웃 이후'는 스포츠를 비롯해 모든 분야에서 역전 드라마의 대명사로 사용할 정도이니까요. 그렇다면 야구 경기에서는 언제 역전이 가장 많이 일어날까요? 일반적으로 9회에 역전이 가장 많이 일어날 것이라고 생각합니다. 실제로 야구는 9회 말 투아웃의 상황에서 끝내기 안타나 홈런으로 승부를 뒤집어 보는 사람들에게 짜릿함을 안겨줍니다.

통계적으로도 야구에서 가장 역전이 많이 일어나는 이닝은 3회와 9회라고 합니다. 3회는 타자들이 대체로 두 번째 타석에 들어서기 때문에 투수의 익숙한 공을 공략해 초반 역전이 일어나지만 승부와는 직접 연계되지 않는다는 것이 야구 전문가들의 공통적인 분석입니다. 그러나 승부와 직결되는 9회의 역전은 양 팀 선수들의 마음가짐의 차이가 원인이라고 지적합니다. 이기고 있는 팀은 "한 회만 버티면 이긴다"라는 소극적인 마인드로 경기에 나서는 반면, 지고 있는 팀은 "이번에 점수를 못 내면 진다"라며 소위 배수진을 치고 나오기 때문에 역전 드라마가 펼쳐질 가능성이 높아진다는 것입니다.

스포츠는 승자와 패자의 명암이 극명하게 엇갈리는 승부의 세계입니다. 무승부에 박수를 보내는 관객은 없습니다. 특히 막판에 승부가 뒤집히는 역전 드라마가 펼쳐지면 승자는 지옥에서 천당으로, 패자는 천당에서 지옥으로 떨어지는 것이지요. 한순간의 방심이 승패를 가르는 경우는 비단 스포츠 세계에서만 일어나는 일은 아닙니다.

1977년 고상돈 씨가 우리나라 사람으로는 최초로 에베레스트 등정에 성공하여 국민적 영웅이 되었습니다. 당시 에베레스트 정복 사진과 등정에 사용했던 장비 전시회가 열릴 만큼 화제를 모았지만, 요즘은 에베레스트 등정 자체가 뉴스거리가 되지 않을 정도로 많은 사람들이 도전합니다. 그럼에도 불구하고 에베레스트 정상에 도전했다가 사고로 목숨을 잃는 산악인들이 많습니다.

오래된 통계지만 1950년부터 2006년 사이에 히말라야의 고산을 등정하다가 각종 사고로 목숨을 잃은 사람은 2,854명이나 되고, 그 가운데 추락사한 사람이 255명이라고 합니다. 그런데 추락사가 가장 많은 구간은 정상의 바로 아래쪽이라고 합니다. 정상 공격에 성공하여 마음이 한껏 고조된 상태에서 긴장의 끈을 놓아버렸기 때문입니다. 이제 내려갈 일만 남았다고 생각하여 집중력이 떨어진 상태에서 하산하기 때문에 사고가 발생한다는 것이 전문가의 지적입니다. 산은 올라갈 때보다 내려갈 때를 조심해야 한다는 말은 언제나 유효합니다.

한순간의 작은 방심이 대형사고의 원인이 된다

저는 중학교 무시험 입학 첫 세대이자 시험으로 고등학교에 입학한 마지막 세대입니다. 엄밀히 따지자면 마지막 전 세대인데, 중3 때 치른 고등학교 입시에서 전후기 모두 낙방하여 재수를 하는 바람에 마지막 시험 세대가 되었습니다. 중학교 3학년으로 올라가자마자 비장한 각오로 열심히 공부했기 때문에 학기 초만 하더라도 고등학교 입학시험에는 아무 문제가 없을 거라고 믿었습니다. 고등학교 입학시험 합격자 발표가 있던 날, 담임 선생님께서는 제가 낙방했다는 사실이 믿기지 않는다고 하셨고, 제 자신도 낙방하리라고는 한 번도 생각해본 적이 없어 충격이 컸습니다.

재수를 하는 동안 스스로 돌아보면서 깨달았습니다. 8월까지는 그런대로 열심히 했지만 가을이 되면서 공부를 제대로 하지 않았던 것입니다. 매일 도서관에 열심히 다녔지만 공부한 것이 아니라 엎드려 잠만 자고 집에 오는 격이었습니다. 다른 사람들이 볼 때는 엄청나게 열심히 공부하는 것처럼 보였지만 사실은 아무것도 하지 않았던 것입니다. 당시 고등학교 입학시험이라는 것이 암기력 테스트나 마찬가지인데, 마지막 순간에 공부하지 않았으니 정작 시험 볼 때는 머릿속에 남아 있는 게 별로 없었던 셈이지요. 결국 입시의 실패는 마지막 순간을 버티지 못했기 때문입니다.

울산공장에서 일어났던 가장 큰 사고 중 하나는 2010년 12월에 일어났던 중질유 분해공장의 수소제조공정 폭발사고입니다. 수소제조공정의 성능이 저하되어 여러 가지 고민을 하던 중 공정이 여러 개의 탑으로 이루어진 점에 착안, 운전 중에 한 탑씩 질소를 이용해 청소하는 방안이 제시되었습니다. 사전 테스트를 해보니 어느 정도 효과가 있어, 근본적인 방안이 만들어질 때까지 임시방편으로 질소 청소를 하기로 했습니다. 임시로 배관도 깔았고, 약간은 비정상적인 방편이었지만 별문제 없이 진행되었습니다. 탑 하나씩 차례차례 청소하고 마지막 탑 청소까지 무사히 마쳤습니다. 그런데 다시 서비스하는 과정에서 폭발사고가 일어난 것이었습니다. 사고 원인은 여러 가지였지만, 그동안 많이 해봤다는 이유로 너무 쉽게 생각한 것이 가장 큰 요인이었습니다.

1990년대 초반의 어느 해 연말에 울산공장 전체가 정전이 되어 전 공정이 갑자기 정지되는 사상 초유의 대형사고가 일어났습니다. 종합동력에서 문제가 생겼는데 수습하는 과정에서 담당 직원이 실수해서 전 공장의 전기 공급이 중단된 황당한 사고였습니다. 이 사고가 남긴 교훈도 연말의 들뜬 분위기가 사고에 원인을 제공했다는 것이었습니다.

야구의 9회 말 투아웃 이후 역전 드라마, 산의 정상 등정 후 하산할 때 추락사, 마지막으로 작업할 때의 사고와 연말 사고 등의 원인으로 지적받는 공통점은 자만심입니다. "이제 끝났다"라고 생각하는 순간이야말로 사고의 시작이라는 교훈을 늘 마음속에 새기고 있어야 할 것입니다.

중국의 사자성어에 '교병필패(驕兵必敗)'라는 말이 있습니다. 자신의 능력만 믿고 자만하는 병사는 싸움에서 반드시 패한다는 뜻입니다. 그래서 운동경기를 할 때 선수들의 마음가짐에 따라 승부가 좌우되기 때문에 감독들이 입에 달고 다니는 말이라고 합니다. 이기고 있는 게임이라도 우쭐거리거나 긴장의 끈을 놓지 말고 끝까지 집중력을 유지하라고 다그치는 것이지요.

진정으로 교병필패의 교훈을 마음속에 새겨야 하는 것은 바로 안전에 관한 일들입니다. 한순간의 작은 방심이 대형사고로 이어져 되돌리기 힘들 정도의 큰 손실을 초래하니까요. 그런데도 대형사고가 나면 안전의식을 새롭게 하고 안전에 대한 투자도 대폭 강화한다고 호들갑을 떨다가도 어느 정도 시간이 지나면 없었던 일이 되어버립니다. 어느 정도 사고 없이 지내다 보면 다시 안전불감증이라는 망령에 사로잡히게 되는 것이지요. 그래서 안전 교육이나 안전에 대한 투자가 후순

위로 밀리는 일은 우리 사회의 보이지 않는 고질병입니다.

교만해지는 순간이 사고의 시작이라는 경각심을 늘 마음에 새기고, 또 언제나 생활 속에서 실천하는 자세가 필요한 때입니다.

보고의 핵심은
정확성와 적시성

보고의 문제점을 보여주는 3가지 사례

장면 #1 – 조선통신사의 보고

선조가 조선통신사로 일본을 다녀온 사절들을 만났다.

"풍신수길이 어떻게 생겼는가?"

황윤길이 아뢰었다.

"눈빛이 반짝반짝하여 담과 지략이 있는 사람인 듯했습니다."

김성일이 아뢰었다.

"그의 눈은 쥐와 같았는데 두려워할 위인이 못 됩니다."

임진왜란 전 조선통신사로 일본에 파견되었던 황윤길과 김성일이 풍신수길(도요토미 히데요시)을 만난 후에 귀국하여 선조에게 보고한 내용입니다. 선조는 당시 집권 세력이었던 동인인 김성일의 의견을 받아들여 일본의 침략이 없을 것이라고 판단했습니다. 결국 김성일의 잘못된 보고와 선조의 잘못된 판단으로 인해 조선의 백성들은 임진왜란 기간 필설로 형언키 어려운 고통의 세월을 보냈습니다.

장면 #2 – 조조의 책사 순욱의 보고

한편 《삼국지》에서 순욱은 조조의 책사로 유비의 제갈량에 비유할 만큼 많은 공을 세웁니다. 그러나 그의 마지막에 대해서는 여러 가지 설이 있는데, 어떤 책에서는 스스로 목숨을 끊는 것으로 기록되어 있습니다. 후한의 마지막 황제였던 헌제에 대한 기록물인 《헌제춘추》에 순욱의 죽음에 대한 실마리가 있습니다. 헌제의 황후가 자기 아버지에게 조조를 없애 달라는 내용의 편지를 썼는데, 이 편지를 순욱이 입수하게 됩니다. 그러나 순욱은 이를 조조에게 바로 보고하지 않고 차일피일 미루다가 사태가 악화된 후에야 보고합니다. 문제는 조조가 이미 이 사실을 알고 있었다는 것이고, 조조는 왜 미리 보고하지 않았느냐고 순욱을 다그칩니다. 순욱은 죽을죄를 지었다며 용서를 구했지만, 조조는 마음속의 분노를 결코 잊지 않았습니다. 결국 조조에게 버림받은 순욱은 자결로 생을 마감했다고 합니다.

장면 #3 – 추자안전센터의 보고

2015년 9월, 제주 추자도 해상에서 낚시어선 돌고래호의 전복 사고가 일어나서 10여 명이 사망하고 실종되었습니다. 언론에서는 세월호 사고 이후에도 안전불감증이 여전한 우리 사회의 한 단면을 보여주는 사례라고 질타했습니다. 세월호와 마찬가지로 사고 직후 좀 더 빨리 구조 활동을 전개했더라면 하는 아쉬움이 많았던 탓일 것입니다. 구조 활동이 지연된 이면에는 사고 신고, 즉 사후 보고와 관련된 것이 주요 원인으로 작용했다고 합니다. 언론 보도를 토대로 당시 상황을 간단하게 복기하자면 다음과 같습니다.

함께 출발했던 다른 낚싯배 선장이 기상이 악화되자 사고 선박의 선장과 통화했으나 다급한 응답만 남기고 통화가 끊겼습니다. 회항한 다음 사고 선박과 연락이 되지 않는다고 해경 추자안전센터에 보고했으나, 추자안전센터에서는 귀항 중이라고 판단한 채 무심코 흘려들었다고 합니다. 그러다가 돌고래호의 어선위치발신장치(V-PASS) 항적을 확인하고, 선장과 승선원에게 전화했으나 통화가 안 되자 사고로 추정하고 해경 상황실에 보고했다고 합니다.

촌각을 다투는 재난사고에서 사고 신고 후 해경이 수색을 결정하기까지 20분 이상이 걸린 것입니다. 그리고 구조대가 사고 해상 부근에 도착하기까지도 30분 가까운 시간이 걸렸습니다. 그동안 해경은 사고 선박의 승선자 명단에 나와 있는 사람들에게 휴대전화로 통화만 시도했다는 것입니다. 게다가 승선자 명단에는 있지만 실제 탑승하지 않은 사람이 해경의 전화를 받고 잘 가고 있다고 허위로 대답하여 초기 대처를 어렵게 했다는 것입니다.

보고의 영향력은 콘텐츠와 커뮤니케이션의 곱하기다

이 세 가지 사례는 보고의 중요성에 대해 몇 가지 교훈을 생각하게 합니다. 보고의 두 가지 핵심은 정확성과 적시성이라고 합니다. 조선 통신사 이야기는 보고의 내용이 정확하지 않을 때 일어나는 정확성의 문제이고, 순욱의 이야기는 제때에 보고하지 않았을 때 일어나는 적시성의 문제입니다. 돌고래호의 사고 대처가 부족해 많은 사상자가 발생한 것은 보고의 적시성과 정확성 둘 다 문제였음이 드러났습니다.

울산공장에서는 역대 부문장을 초청하여 현장을 둘러보고 현직 임원들과 같이 식사하는 연례행사가 있습니다. 한번은 그 자리에서 참석했던 어떤 분이 보고와 관련된 자신의 경험담을 들려주었습니다.

그분은 걸프사와 합작했던 초기부터 공장에서 근무하여 한동안 미국 엔지니어들과 같이 근무했다고 합니다. 그분이 말씀하시는 내내 가장 강조한 것이 바로 보고였습니다. 신입사원 때부터 같이 근무했던 미국 엔지니어들로부터 보고하는 트레이닝을 철저하게 받았다는 것이었습니다. 그들은 일의 내용을 정확하게 적기에 보고하는 습관을 지녔다고 하면서, 그때 배운 것들이 회사 생활을 하는 동안 큰 도움이 되었다고 했습니다. 문서로 하든 구두로 하든 형식이 문제가 아니라 적시에 정확하게 보고하는 것이 중요하다 강조했습니다. 그러면서 후배 임원들에게 이런 습관을 몸에 익히라고 당부하셨던 기억이 생생합니다. 그리고 미국에서 공부했던 사람들이 중용되는 것 가운데 하나가 보고를 잘하기 때문이라는 의견을 표시하기도 했습니다.

한때 직속 상사로 모셨던 어떤 분은 부임하시자마자 자신의 업무방침을 전달하면서 보고에 대한 자신의 생각을 이렇게 설명했습니다.

"보고의 영향력은 콘텐츠와 커뮤니케이션의 곱하기다. 여기서 콘텐츠는 고객, 즉 보고받는 사람의 니즈에 맞춰져 있는지(즉 필요한 보고를 하느냐), 그리고 결론과 주장이 분명하고 명확한 사실과 객관성에 근거한 것인지가 중요하다. 한마디로 상사가 필요로 하는 사안을 정확하게 보고하라는 것이다. 커뮤니케이션에 관해서 가장 중요한 것은 적시성이다. 좀 적게 파악되었더라도 먼저 보고하는 것이, 내용을 더 파악하여 늦게 보고하는 것보다 낫다. 작은 것, 평범한 것을 소홀히 하지 않으면 결과적으로 보고받는 사람의 시간을 절약할 수 있고, 결과적으로 성과를 높일 수 있다."

울산공장 부문장을 역임하셨던 한 분도 유난히 보고를 강조했습니다. 보고, 연락, 상담을 줄여서 '보연상'이라고 작명하고는 회의 때마다, 현장에 올 때마다 보연상의 중요성을 이야기했습니다. 그렇게 중요하게 강조했음에도 불구하고 때때로 보고의 시기를 놓치거나, 잘못보고해서 꾸중을 들었던 기억들이 많이 있습니다. 물론 어느 정도의 내용을 언제 보고하느냐를 결정한다는 것이 쉬운 일은 아닙니다. 순욱의 사례도 조조를 속이려고 했던 것이 아니라, 언제 보고할까 눈치를 보다가 시기를 놓쳐버린 것입니다.

사고가 발생할 때마다 드러나는 문제 가운데 가장 기본적인 것들이 바로 적시에 정확하게 신고와 보고를 제대로 했는지 여부입니다. 재난 사고도 그렇지만 화재나 폭발사고, 그리고 화학물질 누출사고는 초기 대응이 매우 중요합니다. 초기 대응을 어떻게 하느냐에 따라 사고의 피해 규모가 확연히 달라지기 때문입니다. 화학물질 누출사고의 위험성을 제대로 인식하는 계기가 된 구미 불산 누출사고도 사고 신고가 지연된 탓에 피해 규모가 눈덩이처럼 불어난 사례입니다.

안전은 딱 아는 만큼
보인다

비상등에 불이 들어와 있지 않네요?

울산에 오랫동안 살면서 느낀 좋은 점을 꼽으라면 경주가 가까이 있다는 것과 한적하게 드라이브를 즐길 수 있는 아름다운 길이 많다는 것입니다. 제가 특히 좋아하는 드라이브 코스는 경주 보문단지에서 감포로 가는 길입니다. 추령을 넘어 감포로 가는 길은 지금은 새로 길을 만들어 옛날보다 못하지만 운치 있는 길입니다. 특히 감은사지를 지나갈 때면 주변의 풍광과 감은사 탑을 멀리서 스치듯 보이는 분위기는 마음을 평안하게 할 정도입니다.

이 길을 알게 된 것은 명지대 교수이자 문화재청장을 지냈던 유홍준 교수의 《나의 문화유산 답사기》를 읽은 후였습니다. 1997년부터 나오기 시작한 이 책의 시리즈는 선풍적인 인기를 얻었고, 최근엔 일본 문화유산 답사기까지 나왔습니다. 첫 번째 책에서 경주에 대해 아주 자세하게 다루어서 재미있게 읽었습니다. 내용 가운데 추령과 감은사 석탑에 대한 이야기가 있었고, 이것을 본 후 호기심에 가족들과 함께 답사에 나선 적이 있었습니다. 지금은 내용이 기억나지 않지만 가족들에게 책에서 읽은 내용을 가지고 아는 체했던 추억이 있습니다. 당시 영남대학교 교수였던 유홍준 박사가 책을 발간한 이유를 밝힌 서문 가운데 '아는 만큼 보인다'라는 구절은 많은 사람의 공감을 얻어 한동안 인구에 회자되기도 했습니다.

얼마 전 구성원 대상으로 특강을 하러 울산공장을 방문한 김동수 전 듀폰아시아태평양 회장님을 만났습니다. 서울 본사에 근무할 때 어떤 모임에서 한 번 강연을 들은 적이 있었는데, 강연 내용에 많이 공감했던 기억이 있습니다. 이분은 울산 듀폰공장을 처음 건설할 때부터 참여했고, 공장이 완공된 후에는 공장장으로도 근무했다며 울산과의 인연을 이야기했습니다.

최근 안전이 우리 사회의 화두로 떠오르면서 여기저기 강연을 다니느라 바쁜 시간을 보내고 있다고 합니다. 왜냐하면 듀폰이 안전에 관한 한 세계적으로 가장 앞선 기업이라는 인식이 널리 퍼져 있으니까요. 그리고 듀폰그룹에서 현지의 공장장을 거쳐 아시아태평양지역 담당 CEO를 역임한 경력 때문이기도 하겠지요. 사실 김동수 회장님은 퇴임 후 줄곧 서울대에서 객원교수로 비전에 관련된 강의를 했는데, 요즘은 안전 리더십에 대한 강연을 더 많이 하고 있다고 합니다. 원래 안전 전문가는 아니지만 듀폰그룹의 철학이 안전 최우선이어서 자연스럽게 안전에 관한 전문가적 식견을 키울 수 있었다고 합니다. 제가 들었던 강연도 듀폰그룹의 안전문화, 즉 안전이 어떻게 일상 업무 속에 녹아 들어와 있는가에 대한 이야기였습니다.

강연이 끝난 후 5층 접견실에서 함께 차를 마시며 환담을 나누던 중이었습니다. 김동수 회장님이 갑자기 "비상등에 불이 들어와 있지 않네요"라며, 어딜 가나 이런 게 눈에 들어온다며 옅은 미소를 지어 보였습니다. 순간적으로 당황했습니다만, 나중에 사실관계를 확인해보니 우리 건물의 비상유도등은 정전이나 화재 시에만 불이 들어오는 형식이어서, 평시에는 불이 꺼져 있는 것이 정상이라고 합니다. 비상유도등은 건물마다 차이가 있지만 자연스럽게 이런 것이 눈에 들어올 만큼 평소 안전의식이 몸에 배어 있다는 것을 증명한 셈입니다. "아는 만큼 보인다"라는 말은 "관심이 있어야 보인다"라는 표현으로 바꾸어도 이상할 게 없습니다. 관심이 없다면 애초 보려고도 하지 않을 것이기 때문입니다.

안전과 환경의 법을 제대로 지키는 게 최우선이다

1990년대 중반 PSM 제도가 우리나라에 도입된 후 처음으로 심사를 받을 때만 하더라도 심사원들의 전문 지식이 부족해 심사받던 우리가 답답함을 느꼈습니다. 또한 가스안전공사에서 고압가스 점검을 온 담당자의 코멘트가 현실과 거리가 먼 것들이 많아 황당했던 적이 많았습니다. 도대체 왜 이런 것을 해야 하는지 갑갑해하며 분통을 터뜨렸던 기억이 납니다.

그런데 지금은 옛날과 많이 달라졌습니다. 우리가 보는 것보다 훨씬 더 깊이 있게 보고, 우리가 생각지 못했던 부분까지 정확하게 지적하고 있습니다. 그동안 어떤 일이 있었는지 궁금해서 물어보았더니, 경험 많은 사람들을 영입하는 등 교육에 많은 투자를 했고, 또 많은 회사를 점검하는 과정에서 배움으로써 빠른 시간에 전문가로 성장했다는 것이었습니다. 지금은 민간 회사로 옮긴 이 기관의 전문가 한 분은 자꾸 보면서 관심을 가졌더니 보이지 않던 것들이 어느 순간 보이기 시작했다고 대답했습니다. 아는 만큼 보이고, 또 관심을 가지는 만큼 알게 된다는 말은 언제나 진리라는 사실은 변함이 없습니다.

입사한 이후 공장에서 열리는 안전회의(그때만 하더라도 안전회의는 공장에 근무하는 총반장 이상이 참석하는 회의였습니다)에 참석할 때마다 신기하게 느꼈던 것은 안전검열 결과 보고였습니다. 총반장으로 구성된 점검팀이 매월 일정 지역을 점검하여 미흡한 부분을 지적하는 것이었습니다. 그것을 볼 때마다 내 눈에 보이지 않는 것들이 어떻게 저분들 눈에는 보이는 것인지 궁금했습니다. 그러나 시간이 흐른 후에 그 지적의 수준이 변함없이 제자리에 머물러 있다는 사실을 깨달았습니다. 소위 말해서 업그레이드가 되지 않고 늘 해오던 일을 그저 반복할 뿐이었습니다.

얼마 전 회사 점검팀에 근무하는 분들이 안전과 관련된 자격증을 취득했다는 이야기를 들었습니다. 산업안전기사자격증은 따기가 쉽지 않은데 여러 사람이 취득했다는 것은 대단한 일임에 틀림없습니다. 대부분 자격증 시험의 문제는 관련 법에 대해 얼마나 알고 있는가에 대해 테스트를 하는 것입니다. 특히 안전과 환경에 관련해서는 대부분

법으로 규정해놓았기 때문에, 사실 법을 제대로 지키느냐를 기준으로 삼아 안전의식의 수준을 가늠할 수가 있습니다.

각종 안전사고를 예방하기 위해 법에서는 해야 할 일과 해서는 안 되는 일을 상세히 규정해놓았습니다. 그래서 안전과 관련한 법을 정확히 알지 못하면 일을 제대로 하지 못할 가능성이 높습니다. 안전을 위해 자신이 어떤 일을 왜 해야 하는지를 모르기 때문입니다. 일을 할 때 현장 근무자들에게 안전을 위해 왜, 어떻게 해야 하는지 정확히 알려주는 것으로도 일의 효율을 높일 수 있습니다.

산업안전기사자격증을 취득했다는 것은 안전과 관련한 법에 대한 지식을 제대로 갖추었다는 것입니다. 그리고 안전과 관련한 법을 안다는 것은 그만큼 현장의 문제를 정확하게 보는 능력을 가지게 되었다는 의미입니다. 우리 현장에 자격을 갖춘 사람이 많아지고, 이전에 보이지 않았던 문제가 보일수록 우리의 안전의식도 높아지게 마련입니다.

안전은 딱 아는 만큼 보이기 때문입니다.

CHECK

3장

안전경영을
점검하라

안전의 악마는
디테일에 있다

 짚신 장사를 하는 아버지와 아들이 있었습니다. 그런데 새로 만든 짚신을 내다 팔러 시장에 나가면 이상하게도 아버지의 짚신이 더 잘 팔렸습니다. 아들이 보기에는 자기가 만든 짚신이 오히려 더 튼튼한데 왜 그런 일이 벌어지는지 알 수가 없었습니다.

 하루는 아들이 아버지에게 그 비결을 물어보았습니다.

 "왜 제 짚신보다 아버지 것이 더 잘 팔리는 건가요?"

 하지만 아버지는 답을 알려주지 않았다.

 "네가 스스로 깨쳐보거라."

 세월이 흘러 아버지가 죽음을 맞이하게 되었습니다. 아들은 임종 직전에 그 비결을 가르쳐 달라고 했습니다. 그러자 아버지가 유언처럼 한마디를 남겼습니다.

 "내 짚신과 네가 만든 짚신을 잘 비교해보거라. 네 것은 잔털이 많고, 내 것은 그 잔털을 잘 다듬어 깨끗하게 정리했을 뿐이다."

그렇습니다. 아버지는 짚신에 있는 짚의 털을 하나하나 모두 제거하여 신는 사람들의 촉감을 좋게 만들었던 것입니다. 아들이 만든 짚신은 겉모양은 더 좋았지만 아버지가 만든 짚신보다 감촉이 나빴던 것이지요. 그래서 한번 신어본 사람들은 아버지가 만든 짚신만 찾았던 것이었습니다.

일류 기업과 이류 기업을 나누는 디테일의 힘

몇 년 전 중국에서 7개월 정도 머무르면서 중국을 직접 경험할 기회가 있었습니다. 미국과 함께 G2로 불리며 세계 강국으로 급성장한 중국은 여전히 연평균 경제성장률 7% 이상의 고성장을 유지하고 있습니다. 중국에 머무는 동안 그들의 경이로운 성장을 보면서도 한편으론 아직까지 부족한 부분이 많다는 느낌을 받았습니다.

예를 들어 제가 투숙했던 중국의 5성급 호텔 중에는 욕실에서 물이 새는 곳이 많았습니다. 베이징에 있는 동안 머물렀던 호텔은 신축 건물임에도 불구하고 객실 내에 있는 샤워 부스의 문이 제대로 닫히지 않았습니다. 그래서 샤워를 할 때마다 욕실로 물이 흘러넘쳐 뒤처리에 애를 먹었습니다. 중국의 다른 도시를 여행할 때 투숙했던 호텔(모두 5성급의 고급 호텔)도 우연의 일치인지는 몰라도 모두 마찬가지였습니다.

같은 해 싱가포르로 출장 갔을 때는 일부러 투숙했던 호텔의 욕실을 사용하면서 문제가 있는지 꼼꼼히 살펴보았습니다. 지은 지 꽤 오래된 호텔임에도 불구하고 물이 샤워 부스 바깥으로 한 방울도 새지 않았습니다. 이런 차이는 건물의 인테리어를 할 때 마무리를 얼마나 세밀하게 하느냐에 달려 있을 것입니다. 이런 것들이 일류와 이류를 구분하는 디테일의 차이라고 생각되었습니다.

중국의 학자 왕중추는 《디테일의 힘(Power Of Detail)》이라는 책을 통해 중국의 이런 문제를 신랄하게 꼬집었습니다. 그는 디테일이야말로 기업 흥망의 원인이라고 규정하기까지 했습니다. 디테일을 일의 중심이나 기본이 되는 부분이라고 정의하면서, 이것을 제대로 못하면 지속 가능한 기업이 되는 것은 불가능하다고 못 박았습니다.

예를 들어 중국의 한 새우가공 수출업체가 유럽으로부터 대규모 반품을 받게 된 일화를 소개했습니다. 대량 반품은 종업원 한 명이 손에 난 상처를 치료하기 위해 바른 약의 일부가 가공 과정에서 새우에 묻었기 때문에 일어났습니다. 대수롭지 않게 생각하고 그냥 넘어간 조그만 결함이 결과적으로 엄청난 파장을 몰고 온 것이었습니다.

하나 더 지적하자면, 중국에서 대대적으로 인기를 끌었던 KFC에 대적하기 위해 출범한 중국 토종 브랜드 룽화지(榮華鷄)가 6년 만에 사업을 접은 것 역시 기본기 때문이었습니다. KFC는 양념의 배합 비율, 고기와 야채를 써는 순서, 조리 시간, 심지어 청소 시간까지 상세한 매뉴얼로 만들어 종업원들을 교육하고 철저하게 실행했습니다. 반면 룽화지는 종업원들이 양념 닭을 덮개 없이 보관하거나, 또 손님이 보는 앞에서 아무렇지 않게 파리를 잡을 정도로 위생관념이 부족했습니다. 결국 이런 차이가 하나는 흥하는 기업을 만들고, 하나는 기업을 망하게 하는 요인이 될 것입니다.

이처럼 품질관리 측면에서 디테일이 기업의 흥망을 결정할 수도 있다면, 안전 측면의 디테일은 이보다 훨씬 큰 문제를 일으킬 수 있습니다. 안전 문제는 어느 한 부분이 잘못될 경우 전체가 없어질 수도 있기 때문입니다. 즉, 100-1 =99가 아니라 0이 될 수도 있는 것이 안전 문제의 디테일이기 때문입니다.

1986년 1월 28일, 미국의 우주왕복선 챌린저호는 발사 73초 후 고체연료추진기의 이상으로 인해 공중폭발이라는 참사를 당했습니다. 이 사고로 탑승하고 있던 승무원 7명 전원이 사망하는 인명 피해와 약 5,000억 원의 금전적 손실을 입었습니다. 사고는 오른쪽 보조추진로켓에 장착된 일종의 고무 패킹인 오링이 추운 날씨로 인해 얼어버려 제 기능을 다하지 못했기 때문입니다. 수만 가지의 부품이 들어간 우주왕복선이 간단한 고무패킹의 품질 문제로 인해 폭발하고 말았습니다. 나중에 밝혀진 일이지만 패킹 기술자는 공급된 패킹이 저온에서 딱딱하게 굳어 제 기능을 발휘하기 어렵다는 것을 확인하고 발사 연기를 건의했으나 여러 가지 이유로 묵살되었다고 합니다. 조그만 부품 하나가 전체에 어떤 영향을 미치는지를 여실하게 보여준 사고였습니다.

위험을 찾아내는 것이 안전의 시작이다

정유공장이나 화학공장은 공정 특성상 한번 가동을 시작하면 중간에 멈추기가 어렵습니다. 왜냐하면 가동 중단 시 공장 내의 배관 등 각종 시설물에 들어 있는 반제품을 모두 버려야 하기 때문입니다. 그래서 갑자기 가동이 중단되면 막대한 피해를 입을 수밖에 없습니다. 그런 사고를 미연에 방지하기 위해서 정기적으로 공장의 가동을 중지하고 보수작업을 실시합니다. 보수작업을 할 때는 배관 등 각 시설물을 청소하고 필요한 장비를 교체하는 작업을 병행합니다. 보수작업이 끝나면 재가동에 들어가는데, 일단 재가동 작업이 시작되면 위급한 경우를 제외하고는 중단하기가 어렵습니다. 따라서 보수작업은 완벽한 마무리가 무엇보다 중요합니다.

요즘은 많이 줄어들었지만 과거 십여 년 전만 하더라도 마무리가 제대로 되지 않아, 재가동할 때마다 여러 가지 어려움을 겪은 적이 있었습니다. 어떤 경우는 재가동 준비가 거의 끝나갈 무렵 갑자기 펌프에 문제가 생긴 적이 있었습니다. 확인한 결과, 증류탑을 청소할 때 사용했던 걸레가 펌프에 걸린 탓이었습니다. 청소를 담당했던 직원이 마무리하면서 걸레를 치우지 않았고, 마지막으로 점검한 직원도 이를 발견하지 못해서 생긴 일이었습니다.

그리고 열 교환기 청소를 끝내고 조립하는 과정에서 볼트를 제대로 조이지 않아 새어 나온 뜨거운 기름 때문에 화재가 날 뻔한 일도 있었습니다. 공정과 설비에 정해진 규격의 부품을 사용하지 않아 문제를 일으킨 적도 많았습니다. 높은 온도와 높은 압력의 가혹한 조건에서 위험물을 다루는 정유공장이나 화학공장에서의 유출사고는 안전에 심각한 영향을 줄 수 있기 때문에 재가동 시마다 세밀한 부분까지 완벽한 마무리가 필요합니다.

이런 이유로 정비작업이 끝나는 시점에 많은 인력을 투입하여 수많은 볼트가 제대로 조여졌는지 확인하고, 또 배관 연결 부위의 마무리

작업이 정확하게 되었는지 확인하는 작업을 하기도 합니다. 물론 최종 작업자가 세밀한 부분까지 완벽하게 마무리했다면 확인작업은 훨씬 수월하게 끝납니다. 그런데 여기저기 마무리가 제대로 되지 않은 부분이 발견되면, 사고 발생에 대한 우려 때문에 더 많은 비용을 들여서라도 다시 한 번 점검해야 합니다. 결국 이것은 기업의 경쟁력을 저하시키는 요인으로 작용합니다.

위험을 보는 것이 안전의 시작이지만 대충 봐서는 위험을 볼 수가 없습니다. 모든 것을 디테일하게 볼 수 있는 사람의 눈에만 위험이 보입니다. 그래서 안전을 확보하려면 무엇보다 디테일에 강해야 함은 재론할 여지가 없습니다. 선진국과 후진국의 차이, 일류 기업과 이류 기업의 차이는 바로 디테일의 차이입니다.

인간의 주의력은
완벽하지 않다

내비게이션을 맹신하고 달리다 강물로 추락

2013년 8월 31일, 대구역에서 대형사고로 이어질 뻔한 아찔한 사고가 발생했습니다. 다행히 인명 피해는 없었지만 KTX와 무궁화호 열차가 충돌하는 어처구니없는 사고였습니다. 선행하는 KTX 열차를 보내고 나서 출발해야 하는 무궁화호 열차가 미리 출발하는 바람에 뒤따라오던 KTX 열차와 충돌한 것입니다. 만약 무궁화호가 본선에 완전히 진입했더라면 인명 피해가 엄청난 대형사고가 일어날 뻔했습니다.

언론 보도에 의하면 동대구역부터 대구역까지의 구간은 일반 열차와 KTX 열차가 같은 선로를 사용하고 있었습니다. 대구역은 KTX 열차가 정차하지 않고 통과하는 역이라, 일반 열차는 반드시 KTX 열차가 통과한 뒤에 출발하게 되어 있다고 합니다. 사고 조사 결과도 신호 체계는 모두 정상적으로 작동한 것으로 확인되었습니다. 대기 선로에 있었던 무궁화호에는 정지를 뜻하는 붉은색 신호등이 들어와 있었고, 주행 선로에 있던 KTX 열차는 진행을 나타내는 초록색 신호가 켜져 있었다고 합니다. 무궁화호 열차의 경우, 여객전무가 출발해도 좋다는 신호를 확인한 후에 기관사에게 출발 가능 신호를 전달하고, 이를 전달받은 기관사는 다시 한 번 신호를 확인한 후 출발하도록 되어 있었다고 합니다. 그런데 여객전무와 기관사 모두 정지 신호를 분명히 보았을 텐데 왜 이런 일이 벌어졌을까요?

이 사고를 보면서 오래전 기억이 떠올랐습니다. 울산공장에서 근무할 때의 일이었습니다. 지금 울산에는 시내를 관통하는 태화강을 따라 강변도로가 시원하게 뚫려 있어 간선도로 역할을 하고 있지만, 약 30년 전만 하더라도 강의 남쪽 부분 일부만 도로였습니다. 강변도로가 끝나는 부분에는 급커브로 시내로 연결되어 있었고, 그 이후로는 강둑으로 되어 있어 차가 다니지 못하는 길이었습니다. 그래서 강변도로가 끝나는 부분에는 도로가 없다는 표지판과 함께 진입금지 표지판을 설치해 차량의 진입을 막았습니다.

그런데 이 표지판을 무시하고 그대로 돌진하면서 일어난 사고가 심심치 않게 발생했습니다. 강변도로에서 사고가 발생했다는 TV 뉴스를 방송할 때마다 안전조치를 더 강화해야 한다는 기자의 코멘트가 응당 뒤따랐습니다. 그때마다 더 잘 보이도록 '진입금지'라는 안전표지판을 더 크고 선명하게 만들어놓았지만, 후일 강변도로가 완전히 개통될 때까지 유사한 사고는 끊이지 않았습니다. 왜 운전자들이 음주운전을 한 것도 아닌데 표지판을 무시하고 그대로 직진할까요?

요즘 내비게이션을 사용하지 않는 운전자가 드뭅니다. 낯선 곳에 가서도 쉽게 목적지를 찾을 수 있을 뿐만 아니라, 빠른 길을 찾는 서비스까지 있어 편리하게 사용할 수 있습니다. 그러나 최첨단 기술로 인해 일어나는 사고가 늘고 있어 사회문제가 되고 있습니다. 내비게이션을 맹신해서 발생한 사고 가운데 자주 언급되는 사례 하나가 바로 러킹턴(Luckington)이라는 영국 소도시에서 발생했던 사고입니다.

2006년 4월, 홍수로 강물이 불어나 이 도시를 관통하는 에이번 강 입구 쪽이 범람했습니다. 그래서 시 당국은 도로를 폐쇄하고 길 양쪽에 경고표지판을 세웠습니다. 그런데 도로가 폐쇄된 2주 내내 매일 한두 대의 차량이 경고표시판을 지나쳐 강으로 돌진하는 사고가 발생했습니다. 운전자들이 내비게이션 화면에만 너무 집중하느라, 실제로 그들 앞에 무엇이 있는지 보지 못했기 때문이라고 합니다.

'보이지 않는 고릴라'는 어디에 있을까?

'보이지 않는 고릴라'라고 명명된 유명한 심리 실험이 있습니다. 미국 하버드대학 심리학과 교수인 크리스토퍼 차브리스(Christopher Chabris)와 대니얼 사이먼스(Daniel Simons)는 이 실험을 통해 인간의 주의력이 얼마나 많은 착각을 불러일으키는지를 보여주었습니다.

농구 경기장에서 두 팀으로 나누어 한 팀은 흰 셔츠를, 다른 팀은 검은 셔츠를 입고 경기하게 했습니다. 그리고 약 1분에 걸쳐 실험 참가자들이 이리저리 움직이면서 패스하는 광경을 동영상으로 찍었습니다.

그런데 중요한 것은 한창 패스를 주고받는 동안 고릴라 의상을 입은 여학생이 선수들 가운데 멈춰 서서 카메라를 향해 가슴을 치면서 걸어 간 것입니다.

이렇게 촬영된 영상을 실험 참가자들에게 보여주기 전에, 검은 셔츠 팀의 패스 횟수는 무시하고 흰 셔츠 팀의 패스 횟수만 말없이 세라고 부탁했습니다. 동영상을 보여준 후 실험 참가자들에게 패스 횟수를 헤아리면서 뭔가 이상한 점을 본 사람이 있느냐고 물어보았습니다. 그런데 놀랍게도 실험 대상자의 절반은 고릴라를 전혀 의식하지 못했습니다. 여러 분야의 사람들을 대상으로 실험한 결과도 마찬가지로, 참가자들의 학력이나 나이와 관계없이 절반 정도는 고릴라를 보지 못했습니다. 고릴라가 바로 카메라 앞까지 걸어와 가슴을 친 다음 멀어져 가는데도 왜 50%나 되는 사람들이 보지 못하는 것일까요? 고릴라가 보이지 않도록 한 것은 무엇일까요?

이 실험에서 사람들이 고릴라를 보지 못한 것은 눈에 문제가 있어서가 아니라 기대하지 못한 사물에 대한 주의력 부족의 결과일 따름입니다. 과학적으로는 '무주의 맹시(Inattention blindness)'라고 부릅니다. 사람들은 눈에 보이는 특정 부분의 모습이나 움직임에 집중하고 있을 때 예상치 못한 사물이 나타나면 이를 알아차리지 못할 수가 있습니다. 실험 참가자들이 패스 횟수를 세는 데 너무 집중한 나머지 눈앞에 있는 고릴라를 알아보지 못한 것입니다. 심리학자들에 의하면, 우리가 세상의 특정 부분에 주의를 집중한다면 이를 더욱 생생하게 경험할 수 있지만, 바로 이런 생생한 경험 때문에 주변의 세세한 정보도 완벽하게 인지하고 있다는 착각에 빠집니다.

수많은 과학적인 연구 결과도 사람은 결코 완벽하지 않다는 점을 증명하고 있습니다. 사람의 주의력은 항상 불완전한 상태라는 것입니다. 다른 생각을 하고 있는 경우, 지나치게 과거의 경험에 의존하느라 변화한 상황을 인지하지 못하는 경우, 특정 부위에 집중하는 동안 예상치 못한 상황이 일어나는 경우, 기타 과로나 스트레스 등 육체적, 정신적 문제가 있는 경우 등 많은 원인이 있을 수 있습니다.

과거 사람이 하던 일은 점점 더 정밀한 전자조종장치나 자동화 시스템에 의존하게 됩니다. 그러나 아무리 최첨단 설비나 자동화 기계라 할지라도 최종 판단은 사람이 할 수밖에 없습니다. 때문에 사람의 실수에 대한 리스크도 점점 더 커지고 있습니다. 완벽하지 못한 인간의 한계를 극복하기 위한 더 많은 연구가 필요하지만, 사람의 실수를 최소화할 수 있는 일들은 지금 당장 시작해야 합니다. 예를 들어 일을 시작하기 전 개개인의 컨디션을 확인하여 필요한 조치를 한다거나, 건설현장에서 일상화된 위험예지훈련을 좀 더 적극적으로 도입한다면 사람의 실수에 의한 사고를 조금이라도 예방할 수 있을 것입니다.

'옥의 티'를
찾아라!

영화 〈벤허〉를 대표하는 전차 경주 장면의 오류

오래전 TV에서 '옥의 티를 찾아라'라는 제목의 오락 프로그램을 방영했던 적이 있습니다. 사실은 미국 방송에서 유행하던 포맷을 국내 어느 방송사가 모방해서 만든 프로그램이었습니다. 이전에 방송되었던 드라마 등에서 내용상 앞뒤가 맞지 않는 부분이나 의상 등 사소한 실수를 찾아내어 시청자들에게 예기치 않은 웃음을 안겨주는 프로그램이었습니다. 재미있게 보는 동안, 다른 사람들은 잘도 찾아내는데 왜 내 눈에는 잘 보이지 않는지 걱정 아닌 걱정을 한 적도 있었습니다. 혹시 다른 사람에 비해 주의력이 떨어지는 것은 아닌지 하고 말입니다.

예를 들면 같은 공간, 같은 시간에서 주인공의 옷 색깔이나 소품의 위치, 모양이 달라졌는데도 일반 시청자들은 의식하지 못하는 경우입니다. 의도적으로 그렇게 만드는 게 아니라 드라마나 영화를 촬영할 때 빈번하게 일어나는 일이라고 합니다. 같은 장면을 여러 번 찍을 경우도 있고, 같은 장면을 각기 다른 날에 촬영하는 경우도 있어 제작진이나 배우들이 착각하기 때문이겠지요. 특히 영화 속의 장면들은 한 번에 연이어 촬영하지 못하고, 몇 개월 혹은 길게는 일 년이 넘는 시차를 두고 촬영하기 때문에 언제든지 일어날 수 있는 실수들입니다. '연속성의 오류'라고 불리는 이런 실수들은 영화산업에서 골칫거리 중의 하나라고 합니다.

할리우드의 대표적인 고전 영화 〈벤허〉는 대부분 한 번쯤 본 경험이 있을 것입니다. 1959년도에 상영된 이 영화는 아카데미상 7개 부문을 석권했고, 벤허 역을 맡았던 찰톤 헤스톤을 세계적인 스타로 만들었습니다. 〈벤허〉에서 스펙터클한 장면의 대명사로 꼽히는 전차 경주 장면은 영화의 연속성의 오류를 이야기할 때마다 대표적인 사례로 언급될 정도로 유명(?)합니다. 관객들이 손에 땀을 쥐게 했던 전차 경주 장면은 약 15분 분량인데, 실제 촬영하는 데는 3개월 이상이 걸렸다고 합니다.

영화를 개봉하고도 한참 지난 후에 발견된 '옥의 티'로 꼽히는 장면은 제작진도 관객들도 전혀 몰랐다고 합니다. 영화의 전차 경주 장면에서는 벤허와 경주하는 상대방이 바퀴 중심에 부착된 뾰족한 무기로 벤허의 전차를 손상시키는 장면을 클로즈업으로 부각합니다. 그런데 막상 영화 속에서 경주를 마친 벤허의 전차 바퀴는 멀쩡했습니다. 그리고 모두 9대의 전차가 경주를 시작했고 도중에 6대가 파괴되었으니 3대만 남아 있어야 하는데, 마지막 장면에 4대가 등장하는 우스운 일이 벌어졌다는 것입니다.

할리우드에서는 이런 실수를 방지하기 위해 영화를 촬영할 때 장면과 장면 사이의 연속성을 기록하고 점검하는 스크립트 슈퍼바이저 (script supervisor)라는 전문가를 동원해 모순된 부분을 찾아내려고 하지만 완벽하지는 않다고 합니다. 실제 이런 일을 하는 사람들조차 자신이 혼자서 영화의 모순을 완벽하게 찾아내는 것은 불가능한 일이라고 실토할 정도로 쉽지 않은 일입니다.

조직문화가 경직된 회사일수록 뒷담화에 열심

미국 샌프란시스코 실리콘밸리와 인접한 곳에 서부 지역의 명문 대학인 UC 버클리가 위치하고 있습니다. 이 학교 이름인 버클리는 존 로크, 데이비드 흄과 함께 근대 철학사의 대표적인 경험론자인 조지 버클리(George Berkeley)의 이름에서 유래했다고 합니다. 성직자이자 철학자인 버클리는 "지각하는 것이 존재하는 것이다"라는 명제로 유명합니다. 즉 눈으로 보고 촉감과 맛을 느끼는 등 지각하는 것만이 존재할 뿐, 지각하지 못하는 것은 존재를 확신할 수 없다고 했습니다. 이 명제를 논증하는 과정에서 버클리는 고민에 빠지게 됩니다. 사실상 존재가 확실한 나의 뒷모습은 내가 보지 못하니 존재를 확신할 수 없다고 해야 하지만, 실제는 그 존재가 명확하다는 모순적인 상황을 어떻게 설명하느냐의 문제로 고민했습니다.

오랜 고민 끝에 그는 성직자답게, 내가 지각하지 못하는 사물이 존재할 수 있는 것은 신이 보고 있기 때문이라고 설명합니다. 즉, 나의 등은 내가 보지는 못하지만 신이 보고 있기 때문에 존재할 수 있다는 것입니다. 버클리의 이런 명제는 결국 다른 사람과의 관계가 왜 중요한지 설명하는 이유로 발전하게 됩니다. 즉, 나는 내 등 뒤를 보지 못하지만 다른 사람은 그 존재를 확인하기 때문에, 내가 직접 보지 않더라도 존재할 수 있다는 것으로 설명됩니다.

인간의 감각경험이 얼마나 협소한지를 철학적으로 설명할 때 인용하는 논제입니다. 그래서 독단적인 결정은 반드시 한계가 따르기 때문에 다른 사람들의 시각이 필요하다는 것입니다. 내 눈에 보이는 것이 절대 완전한 것이 아니다, 라는 것이지요. 인간의 협소한 경험으로 인한 잘못된 판단과 결정의 사례는 수없이 많습니다. 자신의 잘못을 바로잡기 위해서는 다른 사람의 시각이 필요하므로, 다른 사람의 의견을 듣고 수용하는 자세를 가질 때 더 올바른 판단과 결정을 할 수 있는 것입니다.

안전에 대해서도 마찬가지입니다. 안전문화가 성숙해지기 위한 새로운 방법론으로 행동기반안전(BBS, Behavior Based Safety) 이론이 주목을 받고 있습니다. 인간의 실수를 야기할 수 있는 행동을 미리 없애자는 것인데, 가장 중요한 요소로 꼽히는 것이 바로 지적해주는 문화입니다. 안전을 위협하는 요소가 보이면 누구라도 지적해주고, 또 이를 즉각 받아들여 사고를 예방하자는 것입니다.

조직문화가 경직된 회사일수록 구성원들이 상대의 잘못을 보고도 말하지 않는 경우가 많습니다. 마음속으로만 "저러면 안 되는데"라며 방관하다가, 일이 터지고 난 후에 "내 저럴 줄 알았다"라고 뒤에서 뒷담화에 열중하지요. 특히 상사가 관련된 일이나 다른 조직이 하는 일에 대해서는 잘못되거나 위험한 것을 보더라도 입을 닫는 경우가 많습니다. 행여 지적했을 때 상대방의 입장이 난처해지거나 잘난 척한다고 욕먹을 가능성이 있기 때문일 것입니다. 조직의 리더나 구성원 모두가 함께 이런 무책임하고 냉소적인 조직문화를 바꾸어야 사고를 예방할 수 있습니다.

현장에서는 위험요소를 찾기 위해 평소에도 자체 안전점검을 실시합니다. 그러나 누가 점검하느냐에 따라 결과가 다르게 나오는 경우가 많습니다. 그 현장에 근무하는 사람으로만 점검단을 구성했을 때와, 다른 현장에 근무하는 사람들을 주축으로 점검단을 구성했을 때는 그 결과가 사뭇 다릅니다. 그 현장에 근무하는 사람들로만 구성하면 잘 보이지 않았던 문제들이 다른 현장 근무자들에게는 쉽게 눈에 띄는 것입니다.

영화산업 분야에서는 제작진의 시각만으로는 영화 속의 옥의 티를 없애기가 힘들기 때문에 다른 사람의 시각을 빌려 오류를 최소화하려는 노력을 하고 있습니다. 버클리는 인간은 완전하지 못하기 때문에 신의 시각(타인의 시각)을 더해야만 더 완전해질 수 있다고 했습니다. 누구도 완벽한 존재가 아니라는 전제하에 서로 상대방을 보완해주고, 또 그것을 자연스럽게 받아들이는 조직문화를 만들어가는 것이 무엇보다 중요합니다.

시스템으로 사고를
예방하라!

　우리나라와 미국의 문화적 차이를 많이 느끼는 것이 팁 문화입니다. 식당 등 종업원의 서비스가 제공되는 곳에는 반드시 얼마간의 팁을 지불해야 하는 것이 미국의 관습입니다. 그래서 식사가 끝나면 계산서를 달라고 해서 식사 비용을 확인한 후, 서비스의 질에 따라 10~20% 정도의 팁을 더해서 계산합니다. 그렇기 때문에 계산서를 꼼꼼하게 확인하게 됩니다.

　우리는 일반적인 경우 계산서를 달라고 하지 않고 계산대로 가서 얼마인지 물어보고는 그냥 현금이나 신용카드로 결제해버립니다. 어떤 경우는 아예 묻지도 않고 카드만 주는 경우도 있습니다. 저도 식당에서 거의 식사비를 묻지 않고 카드부터 주는 것이 습관처럼 되어 가끔 낭패를 당하곤 합니다.

　식당 주인이 고의든 아니든 가끔은 실제 먹은 것보다 더 많이 계산한 것을 나중에 알게 되는 것입니다. 돈을 지출하는데도 꼼꼼하게 따지지 않고 그냥 지나치는 것은 여러 가지 원인이 있겠지만 당연히 정확하게 계산되었으리라는 믿음 때문일 것입니다. 머릿속으로 전체 금액을 계산해보지도 않고 달라는 대로 지불한 다음, 나중에 잘못된 것을 알고는 왜 그 자리에서 확인하지 않았을까 후회하곤 합니다.

'교정자 실수'는 어떤 대상을 대충 훑어보는 것

신문을 보면 보통 2면 맨 아래쪽에 '바로잡습니다'라는 제목으로 박스 기사가 가끔씩 나옵니다. 내용을 보면 대개 2가지로 나누어집니다. 하나는 잘못 보도된 내용을 바로잡는 것이고, 다른 하나는 기사 내용은 맞지만 오탈자나 문장의 오류로 인해 뜻이 달라지거나 내용이 부정확하게 된 경우입니다. 전자는 취재 과정의 잘못이지만, 후자는 신문을 편집할 때 교열 과정에서 오류를 발견하지 못해서 생긴 일입니다.

신문사의 편집부나 교열부에는 작성된 기사의 교정지에서 잘못 표기되거나(오자) 글자가 빠진 경우(탈자), 또는 분법에 맞지 않는 문장을 바로잡는 역할을 하는 교열기자가 있습니다. 이들의 임무는 주로 기사 내용의 확인보다는 기사 문장이 문법적으로 잘못된 부분이 있는지 찾는 것입니다. 그럼에도 불구하고 큰 신문사나 작은 신문사나 문법상의 오류가 지속적으로 생겨 '바로잡습니다'라는 박스 기사는 완전히 없어지지 않고 계속 나오고 있습니다. 이처럼 전문가들을 두는데도 불구하고 왜 이런 잘못이 반복되는 것일까요?

서울의 용산이나 이태원의 주상복합 아파트를 미군들에게 임대해주면 수입이 괜찮다는 이야기가 많았습니다. 영외 거주가 허용되는 미군들은 가까운 곳에서 집을 구하기 때문이고, 그들은 1년 치 월세를 선지급하기 때문에 임대를 놓는 집주인 입장에서는 반길 만한 조건이었습니다. 그런데 시간이 흐르면서 미군들에게 임대하는 것을 별로 반기지 않는다고 합니다. 미국인들의 생활 습관과 우리의 생활 습관이 달라 여러 가지 문제가 일어났기 때문입니다.

우리는 집에서 신을 벗고 생활하지만, 미국인들은 실내에서도 신을 신고 생활합니다. 그런데 한국의 아파트는 한국인의 생활 습관에 맞게 실내에서 신을 벗고 생활하도록 설계되어 있습니다. 한편 미국인들에게 임대하면 그들이 습관적으로 신을 신고 생활하기 때문에 1년 정도 지나면 아파트 바닥이 엉망이 된다고 합니다. 집주인이 나중에 항의라도 하면 미국인들은 계약서 어느 조항에도 그런 내용이 없다고 보상을 거부해 속만 앓는다고 합니다. 계약할 때 미리 단서 조항을 꼼꼼하게 챙겨야 하는데, 그런 것에 대해 생각하지도 않기 때문입니다. 계약서 내용을 세세한 것까지 챙기기보다는 서로의 선의를 기대하다가 생기는 일들입니다. 그리고 알고는 있으나 습관화되지 않아 그냥 계약서에 사인하고 나중에 낭패를 당하면 "내가 그때 왜 그랬을까?" 하며 후회하는 사람도 많습니다.

심리학자들의 연구에 의하면, 사람들은 익숙한 것을 볼 때 대충 훑어보는 성향이 있습니다. 이 흔한 실수는 인간의 인식 과정에서 일어나는 착오를 설명하는 핑계가 되기도 합니다. 인간의 인식도 결국 경제성을 따지기 때문에 우리의 관심이 항상 공평하게 분배되는 것이 아니라, 과거의 경험이나 앞부분만 보고도 전체를 판단하는 경향이 있다고 합니다. 이처럼 어떤 대상을 대충 훑어보는 성향을 '교정자 실수(Proofreader's Error)'라고 합니다.

사고 예방을 위해 시스템적인 접근이 필요

음악심리학이라는 분야에서 연구한 결과를 보면, 악보가 틀렸음에도 불구하고 전문 연주가들이 그 오류를 찾는 비율이 매우 낮았습니다. 잘못된 악보를 보고도 원곡(잘못되지 않은 악보)대로 연주했고, 악보가 잘못되었다는 사실을 발견하지 못한 것입니다. 이런 일이 일어나는 것은 익숙한 일일수록 간과하기 쉽다는 교정자 실수 때문입니다. 사물을 있는 그대로 보는 것이 아니라, 자신이 보고 싶은 대로 보기 때문입니다.

화학공장의 생산 현장은 변화가 많지 않습니다. 공정의 운전조건들은 조금씩 바뀌지만 현장에서 근무하는 담당자들의 입장에서 보면 변화를 느낄 정도는 아닙니다. 계속해서 돌아가는 펌프, 항상 열려 있거나 닫혀 있는 밸브들, 그리고 온도나 압력같이 눈에 보이지 않는 부분의 변화는 보드맨들이 체크하기 때문에 현장에서는 거의 변화가 없는 듯이 보입니다.

현장 근무자들은 오랫동안 같은 일을 해왔기 때문에 매우 익숙해진 상태입니다. 그래서 가끔씩 '교정자 실수'가 일어나 사고로 연결되거나 연결될 뻔한 일들이 발생합니다. 항상 대하는 익숙한 업무라 대충 훑어보고 문제없다고 그냥 넘어가기 때문입니다. 이것은 게으르거나 일을 태만히 해서 생기는 일이 아니라, 앞서 설명했듯이 인간 심리가 가진 보편성이기 때문에 우리는 더욱 주의해야 합니다. 그래서 크로스체크가 필요하고, 담당 업무를 순환시켜야 하고, 중요한 일을 할 때는 몇 사람이 같이 점검해야 하는 이유이기도 합니다.

잊을 만하면 일어나는 어처구니없는 사고의 원인을 살펴보면 대충 훑어봐서 생긴 사고가 많습니다. 예를 들어 정비작업 후에 회전기계를 가동할 때 윤활유 부족으로 인해 손상이 생기는 사고는 과거에도 여러 차례 있었던 사고입니다. 누구나 쉽게 체크하고 예방할 수 있음에도 불구하고 요즘도 가끔씩 같은 사고가 되풀이되고 있습니다. 윤활유를 점검하는 것은 아주 상식적인 일인데도 자주 빠뜨리는 것이지요. 그런데 사고가 난 다음에 물어보면 대부분 분명히 확인했다고 장담합니다. 아마도 너무나 익숙한 일이라 문제없는 것으로 미리 결론 낸 상태에서 대충 훑어보았기 때문일 것입니다.

이런 사고를 예방하려면 사람에게 전적으로 의존하기보다는 시스템적으로 접근하는 것이 필요합니다. 그리고 누구라도 이런 사고를 일으킬 수 있다는 것을 지속적으로 알려주어야 합니다. 그런 다음에 아무리 익숙한 일이라도 처음 대하는 초보자처럼 항상 꼼꼼하게 확인하는 자세를 유지하는 것이 가장 중요합니다.

위기는 엉뚱한 곳에서
찾아온다

평소 건강했던 사람이 아프면 큰 병이 생긴다

몇 해 전 고등학교 동창의 부음 소식을 듣고 망연자실한 적이 있었습니다. 평균수명 80세 시대에 60세도 되기 전에, 사고도 아니고 병으로 유명을 달리했다는 소식에 안타까운 마음이 들었습니다. 그 친구는 넷 년 전 다니던 회사를 그만두고 사업을 시작했다고 합니다. 사업은 그런대로 운영되어 주위 사람들이 부러워할 정도로 빨리 자리를 잡았답니다. 언젠가부터 몸이 피로함을 느꼈지만 평소 남다른 건강 체질로 자신해왔던 터라 만성피로 정도로 여겼습니다. 그래서 병원도 가지 않고 지냈는데 더 이상 견디기 힘들어 병원에 갔을 땐 이미 간암이 상당히 진전된 후였다고 합니다. 그길로 병원에 입원해 있다가 다시 일어나지 못했다는 소식이었습니다.

암 예방법에 대해 가장 많이 듣는 이야기는 정기검진을 받으라는 것입니다. 사실 정기적인 검진을 통해서 징후를 미리 발견하는 것이 암을 예방하는 가장 확실한 방법이긴 합니다. 그런데 검진을 잘 받지 않는 부류 중 하나가 바로 제 동창생 같은 사람들이라고 합니다. 직장에 다닐 땐 매년 정기검진을 받지만 은퇴 후나 개인 사업을 하는 사람들은 이런저런 이유로 검진을 받지 않는 경우가 많습니다. 특히 평소 건강에 자신 있는 사람일수록 시간이나 비용 문제로 검진을 피하는 것이 다반사입니다. 정기검진을 소홀히 하다가 큰 병으로 키우고, 나중에 땅을 치고 후회한들 이미 버스가 지나간 다음입니다.

제 부모님도 마찬가지였습니다. 어머님은 젊은 시절부터 종합병원이라 불릴 만큼 평소 여러 병을 몸에 달고 살았습니다. 제가 아주 어릴 때도 매일 약을 드셨고, 일 년에 한 번은 병원 신세를 져야 할 만큼 허약한 체질이었습니다. 그래서 막내 여동생이 결혼할 때까지는 살아야 한다는 말씀을 입에 달고 사실 정도였습니다. 반면 아버님은 돌아가시기 얼마 전까지 병원 한 번 가지 않을 정도로 건강한 체질이었습니다.

두 분이 칠순을 넘겼을 때 제 형제들의 고민은, 어머님이 먼저 돌아가시고 나면 아버님을 어디서 어떻게 모셔야 할 것인지에 대한 것이었습니다. 그런데 정작 먼저 돌아가신 것은 아버님이었습니다. 어머님은 큰 수술을 받은 다음 몇 년에 걸쳐 무사히 건강을 회복했지만, 오히려 그 과정을 곁에서 지켜보던 아버님이 어느 날 갑자기 돌아가신 것입니다. 어머님은 당신 스스로 건강에 대해 모든 것에 조심하고, 또 조금만 이상하면 곧장 병원으로 달려간 분입니다. 그런데 아버님은 팔순의 연세에도 건강한 편이어서 본인은 물론이고 제 형제들도 그다지 신경을 쓰지 않았습니다. 평소 건강했던 사람이 아프면 큰 병이 생긴다고, 정작 아버님이 먼저 돌아가실 거라고는 전혀 생각하지 않았으니까요.

주변의 사람들 가운데 한 번 큰 병을 앓고 회복한 다음에는 건강에 대해서는 지나칠 정도로 조심하는 사람들을 종종 보게 됩니다. 조금만 몸에 이상한 징후가 보이면 바로 병원으로 가서 확인하기 때문에 오히려 예전보다 건강관리를 잘하고 있는 것입니다.

사고 예방을 위해 '아차사고'의 관리가 필요하다

현장에서 근무할 때 경험했던 사고 중에, 크게 확대되진 않았지만 지금 생각해도 아찔한 사고가 몇 번 있었습니다. 그 사고는 아무도 생각하지 않았던 곳에서 일어났습니다. 제1 정유공장의 원유공급 파이프라인이 파열되어 원유가 수십 미터 높이로 치솟아 오르면서 프로세스(공정) 내로 쏟아진 사고였습니다. 아침 출근 시간에 일어난 사고였는데, 마침 출근길이라 제1 정유공장 쪽으로 차를 운전하며 가고 있는데 바로 눈앞에서 갑자기 시커먼 기름을 내뿜는 것이었습니다. 얼마나 당황했는지 조정실까지 한걸음에 달려갔습니다. 다행히 신속한 조치 덕분에 화재나 폭발로 이어지지 않았지만 조금만 늦었다면 대형사고로 이어질 수 있었던 사고였습니다.

제1 정유공장은 1960년대 초에 건설된 공장인데, 당시만 하더라도 우리나라의 전기 공급이 원활치 않아 중단되는 일이 빈번했습니다. 정유공장의 특성상 전기 공급이 중단되면 공장 가동이 멈춰지고, 그 과정에서 2차 사고가 일어날 가능성이 매우 높습니다. 그만큼 전기 공급이 중요하기 때문에 정유공장 내에 자체적으로 전기를 생산하는 시설을 별도로 가지고 있었습니다. 그중에서도 원료인 원유를 공급하는 것은 특히 안전상 중요해서 원유저장탱크를 공장보다 높은 지역에 설치해서 전기 없이 중력으로 원유를 공급했습니다.

그러나 시간이 흐르면서 우리나라의 전기 공급 안정성이 높아지면서 전기로 구동하는 펌프를 이용해서 원유를 공급하는 체계로 바뀌었는데, 그 과정에서 문제가 생긴 것이었습니다. 원유공급배관에는 원유 중의 찌꺼기를 거르는 설비가 있었는데, 이 설비의 설계 압력은 중력으로 공급하던 시설의 압력을 기준으로 책정되어 있었습니다. 그런데 원유공급방식을 바꾸면서 설계 압력을 크게 웃돌게 되었고, 어느 순간 압력을 이기지 못하고 터져버린 것이었습니다. 시스템을 바꾸면서 제대로 챙겨 보지 못했던 것입니다.

조선 시대 학자 박세당은 인생에서 명심해야 할 구절로 다음과 같은 글을 남겼습니다.

'인간의 위기는 생각하고 예상한 곳에서 일어나지 않고, 항상 생각하지 못하는 곳에서 일어난다(人之患 不作扵其所慮 常作扵其所 不慮者也 인지환 부작어기소려 상작어기소 불려자야).'

이 글에서 불려지환(不慮之患), 즉 '생각하지 못하는 곳에서 큰 재앙이 일어난다'라는 말이 유래되었다고 합니다. 앞서 이야기한 대로 자신의 건강을 확신한 사람들은 스스로 생각지도 못한 곳에서 큰 병이 나고, 제1 정유공장의 사고처럼 아무도 관심을 가지지 않았던 곳에서 큰 사고가 날 뻔한 것입니다.

사고 예방을 위해 해야 할 일 가운데, 사고가 날 뻔했던 것을 가리키는 '아차사고' 관리와, 변화가 필요할 때 위험이 있는지를 사전에 꼼꼼히 짚는 '변경관리'가 중요한 것도 바로 그 때문입니다.

'관'하고, '진'하는
관찰법

눈으로 보고도 못 본 것은 안 본 것이다

가끔은 일상생활에서 코미디 프로에나 나올 법한 일을 경험하는 경우가 종종 있습니다.

한번은 아내가 난처한 일이 생겼다며 연락을 해왔습니다. 집안일로 형제들과 약속을 정해놓은 다음, 같은 날짜에 다른 중요한 약속을 또 잡아버린 것이었습니다. 자초지종을 들어보니, 먼저 약속한 날짜는 수요일인데 그날을 화요일이라고 착각하고, 수요일에 다른 중요한 약속을 한 것입니다. 더 황당한 것은 휴대폰 일정에 선약이 버젓이 적혀 있었는데도 불구하고, 그것을 보면서도 수요일을 화요일로 착각했던 것입니다. 아내는 휴대폰의 일정을 확인하면서 무엇을 본 것일까요? 아내는 나이 탓을 했지만 멀리 갈 것도 없이 저도 비슷한 경험을 한 적이 있었습니다.

KTX가 생기기 전까지 울산과 서울을 오고 가는 주요한 교통수단은 비행기였습니다. 당시 서울-울산 노선은 출장을 오가는 사람들이 많아 거의 매 시간 비행 편이 있었습니다. 특히 금요일 오후 서울행 비행기 표를 구하려면 사전에 일찍 예매해야 했습니다. 주말에 서울에 갈 일이 생기면 늦어도 수요일까지는 금요일 저녁 비행기를 예약해야 겨우 표를 구할 수 있었습니다.

어느 주말에 서울 갈 일이 생겨 주중에 인터넷으로 금요일 저녁 비행기 편을 예매하고, 휴대폰 문자 메시지로 예약 확인까지 받은 터라 가벼운 마음으로 퇴근 후 공항으로 갔습니다. 공항은 여느 금요일 저녁과 마찬가지로 표는 이미 매진된 상태에서 대기자들이 줄지어 기다릴 정도로 붐볐습니다.

짐짓 여유로운 표정을 지으며 발권창구로 가서 신분증을 제시하니 예약이 안 되어 있다는 것이었습니다. 무슨 얼토당토않은 소리냐며, 분명히 예약했으니 다시 한 번 확인해 달라고 부탁했습니다. 발권창구 직원이 한참을 확인한 후, 다음 날인 토요일 저녁 비행기로 예약되어 있다고 통보하듯이 말했습니다. 그럴 리가 없다며 제 휴대폰의 예약 문자 메시지를 확인했더니 과연 토요일로 예약되어 있었습니다. 직접 인터넷으로 예약했던 터라 무엇이 잘못되었는지 이해할 수가 없었고, 게다가 확인 문자가 왔을 때 도대체 무엇을 보았는지 참으로 황당한 상황이었습니다. 결국 대기자 명단에 이름을 올려놓은 다음, 2시간 후에 출발하는 마지막 비행기에 가까스로 자리를 잡아 서울에 올라올 수 있었습니다.

아내가 휴대폰 일정에 선약을 입력해놓고도 잘못 본 것이나, 금요일 비행기 편을 예약했다고 하면서 토요일로 적힌 확인 문자를 무심코 지나친 것이나 매일반입니다. 직접 눈으로 보고도 못 본 것은 안 본 것이나 다름이 없습니다.

다른 사람이 못 본 것을 찾아내는 사람들의 초능력(?)

언젠가 정기보수 중인 공장을 둘러보러 갔던 적이 있었습니다. 보수 작업 중임에도 현장이 잘 정리되어 있었고, 작업자들의 복장이나 일하는 모습을 보니 우리의 안전 수준이 많이 개선되고 있다는 생각이 들었습니다. 동행한 제2 공장장이 가동 중인 공정에서 얼마 전 가스 누출이 발생한 곳으로 안내했습니다. 재생촉매를 반응기로 이송하는 배관에서 누출 현상이 생겼는데, 다행히 현장을 점검하던 운전자가 이를 발견해 보수 조치를 했다는 설명이었습니다. 가까이 다가가서 살펴보니 두껍게 보온장치가 되어 있는 배관이었습니다. 가스 중에 포함된 미량의 황화수소로 인해 누출되면서 냄새가 났지만, 가스 누출 부위가 두꺼운 보온 상태여서 찾기가 쉽지 않은 곳이었습니다. 그런데 현장 운전자가 미세하게 냄새나는 부분을 끝까지 추적하여 찾아냈고, 알고 보니 그는 얼마 전에 우수공적자로 표창을 받은 사람이었습니다.

당시 평상시와 다르게 크게 포상한 것은 현장 운전자의 평소 근무 태도와 마음가짐이 우리 모두가 본받을 만한 것이었기 때문입니다. 그는 보드운전을 하다가 다시 현장으로 복귀하면서 현장 업무를 처음부터 다시 익히겠다는 마음가짐으로 일했습니다. 그때도 일반적인 순찰 코스도 아닌 곳을 스스로 찾아다니며 확인하다가 평상시 잘 점검하지 않는 곳에서 이상이 생긴 것을 발견한 것입니다. 그런데 이번에도 현장을 다니다가 평소와 다른 이상한 냄새를 그냥 지나치지 않고 하나하나 확인해서 원인을 발견했습니다. 우리 현장에는 누출사고를 유달리 잘 발견하는 직원들이 많이 있습니다. 다른 사람들이 보기 힘든 것까지 찾아내는 그들의 능력은 도대체 어디서 오는 것일까요?

야신이라 불리는 김성근 감독이 한화 감독으로 부임하면서 프로야구계에 많은 화제를 뿌렸습니다. 김 감독은 강도 높은 훈련으로 악명(?)이 높지만, 무명 선수를 발굴하여 자신만의 조련술로 유명 선수로 키워낸 명감독으로도 유명하지요. 어느 신문 인터뷰 기사를 읽다가, 그가 선수를 보는 관찰법에 대한 이야기를 읽으며 공감한 적이 있었습니다.

그의 설명에 따르면, 관찰법에는 '견, 관, 진(見, 觀, 診)' 3가지가 있는데, 견(見)은 그저 보는 것이고, 관(觀)은 관심을 가지고 자세히 들여다보는 것이며, 진(診)은 의사들이 환자를 진찰하듯이 잘 판단하기 위해 신중히 보는 것입니다. 관의 한자에는 황새라는 의미가 있어, 황새의 눈으로 본다는 의미라고 덧붙이기도 했습니다. 김성근 감독은 리더는 견이 아니라 관과 진의 관찰법을 가져야 한다고 말했습니다. 그래야 사람의 장단점을 제대로 볼 수 있고, 현장의 문제도 정확하게 파악할 수 있다는 뜻입니다.

평소는 물론 정기보수를 통해서도 구석구석 검사하여 문제가 있는 부분을 찾아내 미리 보완하기도 하지만, 뜻하지 않은 곳에서 누출사고

같은 문제가 생길 수 있는 부분이 발견되곤 합니다. 아무리 검사와 점검을 체계적으로 철저히 하더라도 모든 문제를 완벽하게 차단하고 없애는 데는 한계가 있을 수밖에 없습니다.

그러나 조그만 문제라도 발생하는 즉시 찾아내 가능한 조치를 취한다면 회사 차원의 리스크를 대폭 줄이는 효과를 거둘 수 있습니다. 때문에 어떤 문제라도 제때 제대로 찾아낸다는 업무 태도와 마음가짐을 가지는 것이 가장 중요합니다. 그러기 위해서는 우리 모두 관과 진 수준의 관찰법에 익숙해져야 하고, 그렇게 될 때 비로소 우리의 안전에 관한 신뢰 수준이 세계적으로도 인정받을 수 있을 것입니다.

현장에서, 현물을 보고,
현상을 파악하라

기계들아, 올 한 해도 아무 탈 없이 잘 돌아가라

해마다 연초가 되면 대부분 사람들이 새로운 결심을 하고 소원을 빌기도 합니다. 제 경우 새해 소망을 이야기할 때마다 잊히지 않는 사람이 한 분 있습니다. 바로 현장과장으로 일할 때 만났던 총반장님입니다. 제가 새롭게 부임했을 때, 그분은 정년퇴식을 앞둔 탓인지 회사 생활에 대해 감회가 많았습니다. 젊은 상사였던 제게도 틈만 나면 당신의 인생 경험과 회사 생활에 대한 이야기를 들려주었습니다. 가난한 농사꾼의 아들로 변변한 직장을 구하기 어려웠던 시절, 어렵사리 우리 회사에 취직하여 나름 성공한 인생을 살았노라고 자부했습니다.

현장 생활과 관련해서도 여러 유익한 경험담을 들을 기회가 있었습니다. 예전이나 지금이나 현장에서 가장 신경 써야 할 문제는 회전기계와 계기입니다. 요즘은 기술이 많이 발달하여 과거보다 문제 발생 빈도가 줄어들었지만, 지금도 발생하는 많은 문제의 원천은 이것들이라 해도 과언이 아닙니다. 펌프와 압축기의 문제만 없어도 한결 마음이 가볍다는 것은 현장에 근무해본 사람은 누구나 아는 사실입니다.

그분이 들려준 이야기 가운데 하나가 바로 새해 소원을 비는 일이었습니다. 물론 해마다 여러 가지 소원이 있었지만, 매년 같은 소원은 한 가지였다고 말했습니다. 바로 한 해 동안 자신이 근무하는 현장의 펌프와 압축기가 아무 탈 없이 잘 돌아가게 해 달라는 것이었습니다. 그래서 매년 1월 1일이 되면 회사에 나와 모든 펌프와 압축기에 다가가서 마치 살아 있는 생물을 대하듯이 어루만지며, "올 한 해도 아무 탈 없이 잘 돌아가라"라고 기원한다고 했습니다. 그러고는 "이렇게 해야지 기계도 내 정성을 알아줘서 한 해 무탈하게 돌아갑니다"라고 진심 어린 표정으로 제게 당부하듯 이야기했습니다.

명절이면 인사차 큰아버지 댁을 찾아갑니다. 아버님이 돌아가신 후 집안에서 가장 큰 어른을 찾아가 인사를 드리는 것이지요. 몇 년 전 발병한 원인불명의 척추 질환 때문에 거동이 불편하여 혼자 움직이기도 힘든 상태였습니다. 사촌 동생이 의사인데도 치료 방법이 없어 가족들이 힘들어하고 있었는데, 명절에 들렀을 때 다행히도 많이 좋아져 한 시간 이상 자리를 같이할 수 있었습니다. 큰아버지는 연세가 드신 뒤로는 제법 크게 농사를 지었습니다. 제가 서울 본사를 떠나 다시 공장에서 일하게 되었다는 말씀을 드리자 이렇게 당부했습니다.

"내가 농사일을 할 때 논밭에 물을 대기 위해 양수기를 사용한다. 그런데 여름철에 가뭄이라도 들면 양수기가 정말 긴요하다. 이렇게 중요한 때 만약 양수기가 고장이 나면 애가 탄다. 내가 농사를 짓느라 경험해보니 기계도 사람을 알아보는 것 같더라. 사람이 정성을 들이면 기계도 탈을 내지 않는다. 너희 공장은 기계가 많은 곳이니 부지런히 기계를 둘러보고 정성을 쏟아라. 그러면 기계도 너를 알아보고 탈을 내지 않을 거다."

우리의 모든 문제는 현장에 답이 있다

과장 진급을 하고 처음으로 맡은 보직이 정제기술과장이었습니다. 현장의 기술적인 문제에 대해 검토하고 개선하는 역할을 하는 브레인 조직입니다. 당시 과장 진급자는 반드시 직책을 맡아야 했고, 또 개인적으로 입사 후 처음으로 조직을 이끌게 되는 경우라서 과장 진급은 굉장한 일이었습니다. 그래서 진급 턱도 크게 내야 했던 분위기였습니다. 진급의 기쁨이 채 가시기도 전, 제 상사였던 공장장님이 방으로 호출하면서 다음과 같은 일화를 들려주었습니다.

1960년대 후반, 공상이 가동되고 몇 년 지나지 않았을 무렵이었습니다. 당시는 지금의 정유1팀인 제1 정유공장만 있었고, 현장을 담당했던 제유과장과 기술을 담당했던 기술과장은 엔지니어들 중에서도 가장 뛰어난 사람들이 맡았다고 합니다. 물론 그 위의 보직은 미국 사람들이 맡고 있었습니다.

그런데 어느 날, 가스분리탑 꼭대기에 설치된 안전밸브의 크기를 두고 현장과장과 기술과장 사이에 논쟁이 벌어졌다고 합니다. 도면이 있었지만 두 사람은 서로 다르게 이야기했기 때문이지요. 결국 현장에 가서 확인하는 일이 벌어졌는데, 기술과장의 의견이 맞는 것으로 결론났다고 했습니다. 그러면서 초임 기술과장인 제게 "당신은 기술과장이지만 현장과장보다 더 현장을 잘 알아야 기술지원을 제대로 할 수 있다"라며, 직접 현장을 확인하면서 일을 하라고 당부했습니다.

춘추전국 시대 제자백가의 한 사람인 순자는 '구이지학(口耳之學)'이라고 했습니다. 소인의 학문은 입으로 들어가 귀로 나온다, 라는 뜻이지요. 즉 소인배는 남에게 들은 것을 제대로 알지도 못하면서 그냥 말한다는 것입니다. 어디서 주워들은 이야기를 마치 자기가 알고 있는 것인 양 이야기하는 사람들을 우리 주변에서도 자주 보게 됩니다. 예를 들면 다른 사람에게서 들은 이야기를 그대로 상사에게 보고하는 경우라고 할 수 있겠습니다. 자기 눈으로 현장을 확인하지 않고 상사에게 보고한다는 것은 '거짓 보고'라 해도 할 말이 없습니다. 이런 사람일수록 나중에 문제가 생기면 다른 사람에게 책임을 돌리고 자신은 슬쩍 빠져나가려고 농간을 부려 주위의 빈축을 사게 되지요.

한때 일본 기업의 혁신 활동 가운데 삼현주의(三現主義)라는 것이 주목받은 적이 있습니다. '현장에서, 현물을 보고, 현상을 파악하라'라는 슬로건입니다. 현장을 중시하는 국내 경영자들이 자신의 경영철학으로 삼고 있는 경우도 많습니다. 예전에 만났던 한 경영자는 자신의 경영원칙은 '우문현답(우리가 갖고 있는 문제는 현장에 답이 있다)'이라고 말하기도 했습니다.

많은 사람들이 솔선수범에 대해 이야기합니다. 그러나 솔선수범을 실천하려면 무엇부터 해야 할지 난감합니다. 사람이 신이 아닌 이상 모든 일에서 타인의 모범이 되기는 쉬운 일이 아니지요. 그래서 한 가지라도 제대로 실천할 수 있는 방법을 제시하려고 합니다.

리더들은 더 많이 현장을 찾아야 합니다. 그러면 문제를 알고 답을 찾을 수 있을 것입니다.

안전의 규율에는
지나침이 없다

군인에게 강한 규율과 정신력은 필수사항이다

학교에서의 체벌이 사회문제가 될 정도로 세상이 바뀌어가고 있습니다. 저는 초등학교 저학년 때부터 손바닥이나 종아리를 맞았던 기억이 날 정도로 당시엔 학교 체벌이 일상적인 일이었습니다. 심지어 부모님들이 선생님을 만났을 때 "우리 애가 공부를 안 하거나 말을 안 들으면 실컷 때려주세요"라고 부탁하는 것이 인사말일 정도였으니까요.

학교 체벌은 고등학교 시절에 가장 심했는데, 오랜만에 동창생들을 만나 옛날의 추억을 떠올리며 나누는 대화는 거의 무용담 수준입니다. 어느 교실이건 청소용 밀대는 성한 날이 없었고, 어떤 선생님들은 아예 수업 시간에 매를 들고 다녔습니다. 잘 부러지지 않도록 단단한 박달나무로 만든 전용 매를 자랑하기까지 했으니까요. 지각하거나 교칙을 지키지 않아 벌을 받는 경우도 있었지만, 공부 때문에 벌 받는 경우가 대부분이었습니다.

고등학교에 입학해 제2 외국어로 불어와 독일어 가운데 한 과목을 선택할 수 있었는데 막연히 다수를 쫓아 독일어를 선택했습니다. 독일어는 예비고사에서 필수 과목도 아니고 본고사에서 제2 외국어를 필수로 하는 학교는 서울대학교뿐이어서 대충 해도 된다고 생각했습니다. 그런데 막상 수업이 시작되자 우리의 희망은 온데간데없이 사라져버리고 공포의 시간으로 다가왔습니다. 어떤 외국어든 처음 배울 땐 외워야 할 것이 많습니다. 기본적인 단어와 문법부터 많은 것을 외우지 못하면 수업의 진도가 나갈 수가 없으니까요.

젊은 총각이었던 독일어 선생님은 수업 시간 말미에 다음 시간까지 외워야 할 분량을 정해주고, 다 외우지 못하면 각오하라고 엄포를 놓았습니다. 물론 대부분의 친구들은 귀담아듣지 않았습니다. 그런데 다음 독일어 시간에 외우지 못한 친구들은 한 대 맞을 때마다 비명이 나올 정도로 단단한 몽둥이로 손바닥을 세게 맞았습니다. 순간 교실 안은 공포 분위기로 바뀌었고, 숙제를 못해 매 맞을 순서를 기다리는 친구들은 얼굴이 하얗게 변해버릴 정도였습니다.

그다음 수업 시간부터 분위기가 확 달라졌습니다. 입시에서 독일어가 필요하든 필요하지 않든 독일어 숙제부터 해야 마음 편하게 다른 공부를 할 수 있을 정도였습니다. 전설 같은 독일어 수업은 졸업 이후 학창 시절에 대한 이야기가 나올 때마다 등장하는 단골 메뉴가 되었습니다. 대부분의 고등학교 친구들은 지금도 독일어 정관사의 용법을 줄줄 외우며 그 시절의 공포를 되새기곤 하니까요. 반면 불어를 선택했던 친구들은 여선생님의 배려 덕택에 학창 시절을 편하게 보낼 수 있었지만, 기억에 남아 있는 게 별로 없다면서 아쉬운(?) 마음을 털어놓기도 합니다.

1970년대 후반에 군대 생활을 했던 우리 세대는 요즘 군대 생활을 하는 자식들에게 "지금 군대는 군대도 아니다"라는 이야기를 스스럼없이 합니다. 저도 마찬가지였는데, 몇 해 전 논산훈련소로 알려진 연무대에서 열린 둘째 아들의 신병 훈련 수료식에 참석하고 난 후 생각이 달라졌습니다. 과거나 지금이나 민간인에서 군인으로 변화하는 과정에서 겪는 어려움은 마찬가지라고 느꼈습니다. 불과 한 달여 만에 군인으로 변모시키는 과정은 저절로 되는 것이 분명 아닐 것입니다. 우리 세대는 훈련받다가 잘못하면 얻어맞기도 하고, 때로는 모멸감을 느낄 정도로 얼차려를 받았습니다. 그런데 자식 세대는 다른 방법으로 군인을 만들 뿐, 훈련의 결과는 마찬가지라는 생각이 들었습니다. 한 달간의 훈련을 마친 후에는 누구나 강한 군인정신으로 무장한 채 훈련소를 나서니까요. 전쟁에 나서야 하는 군인에게 강한 규율과 정신력은 시대를 초월해 필요한 것임은 두말할 나위가 없습니다.

'안전철칙'과 '원 스트라이크 아웃' 제도 도입

《사기》에 등장하는 《손자병법》으로 유명한 손무의 이야기는 군인이 갖추어야 할 규율은 무엇이며 그 효과가 어떠한지를 잘 보여주고 있습니다. 춘추전국 시대 오나라 왕 합려는 월나라, 초나라와 전쟁을 앞두고 있었는데, 오자서의 천거로 《손자병법》을 접한 후 손무를 초빙했다고 합니다. 오나라 왕은 손무에게 군권을 맡겨도 되는지 확인하기 위해 자신의 궁녀들을 훈련시켜보라고 했습니다. 손무는 108명의 궁녀를 두 부대로 나누고 합려 왕의 애첩을 각각 부대의 대장으로 삼고 훈련을 시작했습니다.

손무는 궁녀들에게 "앞으로" 하면 앞을 보고, "뒤로" 하면 뒤를 보아야 한다고 명령하고 훈련을 시작했습니다. 그러나 궁녀들은 훈련을 장난으로 여겼는지, 손무의 명령에 제대로 따르지 않을 뿐 아니라 여기저기서 잡담을 늘어놓거나 히죽거리는 등 규율이 엉망진창이었습니다. 손무는 몇 차례 더 명령을 내리고 훈련을 하려고 했으나 궁녀들의 태도는 변함이 없었습니다.

"대장이 명령을 내려도 지키지 않으니 이것은 필경 대장의 책임이다. 당장 두 대장의 목을 베라."

손무는 대장으로 나선 두 궁녀에게 즉결처형의 명령을 내렸습니다. 그러자 왕의 총애를 받고 있는 두 궁녀는 설마 우리를 죽이겠느냐고 했지만, 손무는 가차 없이 두 궁녀의 목을 베어버렸습니다.

이 광경을 지켜본 궁녀들은 그제야 사태의 심각성을 깨닫고 조금 전과는 전혀 다른 모습으로 훈련에 따르게 되었습니다. 손무는 합려 왕에게 "이제 궁녀들은 전하의 명령이면 불속이라도 뛰어들 것입니다"라고 훈련 결과를 보고했다고 합니다. 왕은 애첩을 잃은 서운함은 있었지만 손무에게 병권을 맡겼습니다. 그래서 손무는 초나라와의 전쟁을 승리로 이끌어 오나라를 강대국의 반열에 올려놓았습니다.

SHE 본부에서 근무하는 동안 안전과 관련한 의식과 문화에 관해 외국의 주요 기업과 우리 회사를 비교하는 경우가 많았습니다. 물론 여러 가지 차이가 있었지만, 가장 인상 깊게 본 것은 바로 '안전철칙(Safety Golden Rules)'이었습니다. 많은 글로벌 기업들은 구성원들이 반드시 지켜야 할 규칙을 정하고, 그 규칙을 어기면 아주 엄격하게 다루었습니다. 지금은 우리 회사도 이 제도를 도입해 사업장별로 사고의 위험성이 가장 높다고 생각되는 항목을 정하고, 반드시 지켜야 할 세부 규칙을 마련해놓았습니다.

몇 년 전 우리 회사가 정유공장 운전과 설비관리에 대해 컨설팅해준 베트남 국영석유회사(BSR)에 다녀온 많은 사람들이 이구동성으로, 현장 종업원들이 안전규칙을 철저히 잘 지키는 모습이 인상적이었다고 말했습니다. 그 비결이 무엇이냐고 묻자, 안전규칙을 지키지 않으면 즉시 처벌할 뿐만 아니라 경우에 따라선 바로 해고할 수도 있다는 사실을 지적했습니다. 그 나라 최초로 정유공장을 건설하고 운영하기 때문에 처음부터 사고 방지를 위해 지나칠 정도로 엄격한 규칙을 마련할 필요가 있었다는 생각이 들었습니다. 사실 안전규칙을 지키는 데 엄격한 규율은 지나침이 없는 법입니다. 안전 수준이 높은 회사와 낮은 회사의 근본적인 차이는 매뉴얼의 유무가 아니라 규칙을 얼마나 엄격하게 지키는가에 달려 있다고 해도 과언이 아닙니다.

얼마 전부터 정기보수 현장에 '안전철칙'에 더하여 '원 스트라이크 아웃(One Strike Out)' 제도를 도입했습니다. 지금까지 운영한 결과 그 동안 문제가 많았던 크레인 작업기사들의 태도가 완전히 달라졌고, 밀폐작업 등 사고 위험이 많은 작업에도 확대 적용해 현장의 안전의식과 문화가 많이 개선되었습니다. 무조건 모든 부분에서 엄격하게 하는 것

이 아니라, 우리가 취약한 분야나 많은 노력에도 개선되지 않는 분야
에 대해 더 엄격하게 관리해야만 우리의 안전 수준을 높일 수 있을 것
입니다.

퍼펙트 워크,
처음부터 제대로 일하라

모든 문제의 시작과 끝은 사람이다

미국 메이저리그 140년의 역사에서 퍼펙트게임을 달성한 투수는 모두 21명에 불과하다고 합니다. 퍼펙트게임은 투수로서는 더할 나위 없는 대기록이라는 사실을 역사가 입증하는 것이지요. 야구 경기에서 투수가 9회를 던지는 동안 단 한 명의 타자도 1루에 내보내지 않아야 하므로 달성하기가 매우 힘든 기록임에 틀림없습니다. 우리나라 프로야구 30년이 되도록 1군 경기에서는 아직 퍼펙트게임이 나온 적 없고, 2군 경기에서 단 한 번 있었다고 합니다. 몇 년 전에는 선동열 투수와 최동원 투수의 맞대결을 주제로 다룬 〈퍼펙트게임〉이라는 영화가 상영되기도 했습니다.

몇 해 전《디테일의 힘》이라는 책이 출간되었을 때 중국 사회뿐만 아니라 우리나라에도 많은 화제를 뿌렸습니다. 저자인 중국의 경영컨설턴트이자 베이징대학교 디테일경영연구센터장인 왕중추가 얼마 전에 《퍼펙트 워크》라는 책을 펴내 재미있게 읽었습니다. 이런 종류의 책을 읽을 때마다 느끼는 것이지만, 이미 다 알고 있는 내용인데도 불구하고 스스로를 돌아보게 만든다는 점에서 유익한 책이었습니다. 책의 내용을 요약하는 대신 소주제만 간략하게 정리해 소개하려고 합니다.

저자는 서문에서 많은 경영자들이 일을 처리하는 과정에서 잘못이나 실수는 불가피한 것이며 지극히 자연스러운 현상이라고 생각한다고 언급합니다. 그러나 경영자들이 생각을 바꿔 "처음부터 제대로 일하자"라는 의식의 전환이 중요한데, 이것이 바로 '퍼펙트 워크'의 핵심이라는 것입니다. 그러기 위해서는 "우리에게 주어진 최초의 과제는 '사람은 항상 잘못을 저지르기 마련'이라는 인식 자체를 부수는 것이다"라고 주장했습니다. 결국 모든 문제의 시작과 해결은 사람에게서 찾아야 한다는 뜻입니다. 아무리 기술이 좋고 시스템을 잘 갖추더라도 이를 운용하는 사람들의 태도에 따라 '퍼펙트 워크' 여부가 결정된다는 것입니다. 그래서 저자가 실천 항목으로 제시한 것들도 모두 사람에 관한 내용인데, 중요한 것만 간추려보면 다음과 같은 것들입니다.

1. Perfect work spirit: 완벽할 수 없다는 사고방식부터 바꿔라.

- 책임감: 테크닉이 문제가 아니라 태도가 문제다.
- 노력: 회사를 속일 수 있어도 자신을 속일 수는 없다.
- 자긍심: 일에 대한 애정은 전제 조건이자 필수 조건이다.

2. Perfect work enemy: 모든 일은 잘못된 습관이 망친다.

- 중복: 처음부터 제대로 해야 낭비도 없다.

- 방심: 1%의 실수는 100%의 실패다.

- 무시: 어떤 일도 절대 만만하지 않다.

3. Perfect work target: 책임을 지면 성과로 돌아온다.

- 동료: 동료의식도 마땅히 책임져야 할 몫이다.

- 자신: 누구를 위해 일하는지 반드시 기억하라.

4. Perfect work process: 일에 지배당하지 말고 일을 지배하라.

- 현장: 답은 항상 현장에서 찾아라.

- 점검: 맞지 않는 상황과는 절대 타협하지 말라.

- 피드백: 용두사미가 되지 않으려면 '피드백'을 시스템화하라.

5. Perfect work practice: 부단히 자신의 결점을 지워나가라.

- 개선: 매일 1%씩이라도 나아져라.

- 배움: 영원히 배워라.

- 습관: 탁월함을 습관화하라.

6. Perfect work organization: 완벽을 지향하는 조직문화를 만들어라.

- 조직력: 직원의 수를 키울 게 아니라 능력을 키워라.

- 실행력: '지금, 당장, 즉각' 행동하라.

- 기업 문화: 모든 업무의 일상에서 완벽을 지향하라.

책의 주요 내용은 앞서 이야기했듯이 대부분 평소에 수없이 들었던 이야기입니다. 물론 책에서는 각 항목별로 사례가 소개되어 있지만 소제목만 보더라도 대략의 내용을 알 수 있습니다. '퍼펙트 워크'를 위해 무엇이 가장 중요하다고 생각됩니까? 물론 개인마다 차이가 있겠지만 저는 책임감과 실행력이라고 생각합니다.

우리 현실을 냉철한 시각에서 점검해보면 책임감의 부족으로 야기되는 문제가 많습니다. 각자의 위치에서 자신이 맡은 일을 책임지고 완수하지 못해 수많은 부작용이 발생하는 것이지요. 공정안전보고서 (PSM) 심사 때마다 현장에서 일어나는 일을 되돌아보면 우리의 부끄러운 실상을 한눈에 확인할 수 있습니다. 심지어 내부 심사나 외부 기관 점검 때만 되면 지나간 서류를 다시 꺼내 손보느라 다른 일을 못하는 경우가 일상화된 것 같습니다. 무슨 일이든지 처음에 제대로 했다면 다시 점검할 필요가 없습니다. 그런데 우리의 현실이 그렇지 못하니 이런 불필요한 일들이 반복되는 것이지요.

저자가 서문에서 언급했듯이 실수나 잘못이 불가피하다고 여기는 마음가짐이 문제입니다. 우리에게도 은연중에 그런 마음이 있는 것은 아닌지에 대해 되돌아볼 필요가 있습니다. 듀폰그룹은 '모든 사고는 예방할 수 있다'라는 모토를 내세워 세계 최고 수준의 안전문화를 만들었습니다. 우리도 이 같은 자세로 모든 일에 임해야 하는 시점이라고 생각합니다.

깨진 유리창
없애기

유리창이 깨진 차는 어떻게 됐을까?

"한국 사람들 정말 이해하기 힘들다. 왜 쓰레기를 남의 집 근처 전봇
대에다 버리나?"

쓰레기 분리수거가 시작된 직후 캐나다 출신의 외국인에게 직접 들
었던 이야기입니다. 그는 한국에 와서 산 지 몇 년 되어 한국에 대해 좋
은 인상을 가지고 있었는데, 자신이 살고 있는 집 앞의 전봇대 일대가
갑자기 쓰레기장으로 변했다며 불만을 터뜨렸습니다. 쓰레기 분리수
거가 시작된 후 일반 쓰레기는 쓰레기봉투에 넣어 집 앞에 두면 시청
에서 수거해 가는 게 정상이 아니냐는 것이었습니다. 그런데 어느 날
부터 전봇대 밑에 누군가 일반 봉투에 쓰레기를 넣어버리기 시작했
는데, 쓰레기의 양이 점점 늘어날 뿐만 아니라 급기야 음식물쓰레기를

버리는 사람도 생겨났습니다. 음식물쓰레기에서 썩는 냄새가 나고, 길거리의 개들까지 몰려드는 바람에 집 밖으로 나가는 것조차 싫어졌다고 했습니다. 도대체 왜 이런 일이 벌어졌을까요?

1969년, 미국 스탠퍼드대학교 심리학과 필립 짐바르도(Philip Zimbardo) 교수는 재미있는 실험을 했습니다. 같은 모델의 승용차 2대의 보닛을 열어놓은 채 서로 인접한 골목길에 주차해두고 일주일간 방치한 다음, 이 차들이 어떻게 변했는지 알아보는 실험이었습니다. 두 차의 차이는 단 한 가지밖에 없었습니다. 한 대는 보닛만 열어두었을 뿐 아무런 흠집이 없었고, 다른 한 대는 똑같은 상태에서 운전석의 앞 유리창을 살짝 깬 상태였습니다.

일주일 후 두 차의 외양은 어떻게 변했을까요? 놀랍게도 보닛만 열어두었던 차는 처음 주차했을 때와 달라진 것이 하나도 없었습니다. 그런데 유리창이 살짝 깨져 있었던 차는 거의 폐차 수준으로 변해 있었습니다. 타이어가 펑크 났을 뿐만 아니라, 멀쩡했던 차 문은 완전히 찌그러져 있었고, 살짝 깨진 상태였던 앞 유리창은 완전히 파손되어 있었습니다. 왜 이런 극단적인 차이가 나타났을까요?

'깨진 유리창의 법칙'이라고 알려진 이 실험은, 사소하고 작은 문제라도 즉시 정상화하지 않고 방치하면 우리가 상상할 수 없는 결과를 초래할 수 있다는 사실을 일깨워줍니다. 이 법칙은 사회의 여러 분야에 적용 가능한 시사점을 던져줍니다. 눈에 보이지 않는 작은 허점이 때로는 기업을 파산의 길로 이끌어갈 수도 있고, 콜센터 직원의 무성의한 자세가 기업 이미지에 치명적인 영향을 줄 수도 있으니까요.

현장에서 일어나는 안전사고도 마찬가지입니다. 현장의 작은 문제를 그대로 방치하거나, 잘못된 작업 관행을 즉시 바로잡지 않고 수수방관하면 우리가 예상하지 못했던 큰 재앙으로 연결될 수 있습니다.

안전규칙을 어기면 가차 없이 해고한다

뉴욕 시는 이 법칙을 원용하여 범죄율을 획기적으로 낮추는 성과를 얻기도 했습니다. 1980년대 뉴욕의 지하철은 치안 상태가 나쁘기로 악명이 높아 외국인 관광객들에게 말 그대로 공포의 대상이었습니다. 각국의 여행 안내서에는 뉴욕에서는 지하철 이용을 자제하라는 권고가 있을 정도였습니다.

당시 뉴욕 지하철 내부는 온갖 지저분한 낙서로 도배되어 있었습니다. 1990년대 미국 러트거스대학교의 조지 켈링(George Kelling) 교수는 '깨진 유리창의 법칙'에 근거하여, 뉴욕 지하철의 범죄율을 낮추기 위해 지하철의 낙서를 지우자고 제안했습니다. 뉴욕 시 교통국장은 이 제안을 받아들여 치안질서 회복을 목표로 지하철 내의 낙서를 청소하는 방침을 세웠습니다. 직원들은 청소하는 시간에 범죄 단속부터 해야 한다고 반발했지만 낙서 지우기를 철저하게 시행했습니다. 지하철 내부에 낙서가 얼마나 많았던지, 이 일은 시작한 지 5년이 지난 1998년이 되어서야 완료되었습니다.

결과는 어떠했을까요? 계속해서 증가하던 뉴욕 시 지하철의 흉악범죄는 청소 프로젝트가 실시된 후 점차 감소하기 시작했고, 청소를 시작하기 전에 비해 무려 4분의 1 수준까지 감소하는 획기적인 성과를 거두었습니다.

이후 뉴욕 시장에 취임한 루돌프 줄리아니(Rudolf Giuliani) 시장은 지하철에 거두었던 성과를 뉴욕 시 경찰의 방범활동에도 적극 도입했습니다. 보행자의 신호 무시, 길거리에서의 쓰레기 투기행위 같은 경범죄 단속을 대대적으로 실시한 덕분에 일반 범죄의 발생 건수를 획기적으로 줄일 수 있었다고 합니다.

베트남에 처음으로 정유공장이 건설되어 가동에 들어갔을 때, 베트남 정부는 경험이 없었던 탓에 위험한 공장을 안전하게 운영할 수 있는 방안에 대해 많은 고민을 했습니다. 그래서 우리 회사의 많은 직원들이 베트남에 파견되어 공장 운영에 대한 기술을 이전하고 조언을 해주었습니다. 물론 초기에는 시행착오를 겪느라 여러 가지 조그만 문제가 있었지만 정유공장은 이른 시간 내 정상적인 가동을 할 수 있었습니다.

베트남 정유공장의 경영진이 공장의 안전을 확보하기 위해 사용한 방법 중 하나는 깨진 유리창이 처음부터 없도록 만드는 것이었습니다. 예를 들어 지시 사항을 불이행하면 바로 징계하고, 공장 종업원들에게 즉시 그 내용을 공지했습니다. 동시에 안전에 중대한 영향을 미칠 수 있는 세부적인 규칙을 지정하고, 이를 어기면 가차 없이 해고한다는 사실을 천명했습니다. 그 결과 베트남 정유공장의 종업원들은 안전과 관련한 규칙을 어기면 예외 없이 처벌받는다는 사실을 깊이 인식하여 초기에 안전문화를 정착시키는 데 성공했습니다.

물론 수많은 기업들이 자체적으로 안전규칙을 마련해놓고 시행하고 있습니다. 그러나 안전규칙의 시행과는 별도로 이를 위반했을 때 경영진이 어떤 태도를 취하느냐에 따라 기업의 안전 수준은 완전히 달라집니다. 똑같은 안전규칙을 가지고 어떤 기업은 안전한 사업장을 만들수 있지만, 어떤 기업들에는 오히려 깨진 유리창이 될 수도 있음을 많은 사례가 보여주고 있습니다.

야구 선수와
본헤드 플레이

배관 연결 사고가 끊임없이 발생하는 이유

정유2과장으로 근무하던 1990년대 후반 어느 날이었습니다. 회의에 참석하러 본관에 갔다가 사무실(제2 정유공장 조정실 2층)로 돌아가려는데, 멀리 플레어 스택(Flare Stack)에서 시꺼먼 연기와 함께 불꽃이 하늘 높이 올라가는 것이 보였습니다. 본능적으로 어느 플레어 스택인가 보았더니 제가 맡고 있는 제2 정유공장의 연소기였습니다. 불꽃의 규모가 워낙 커서 큰 사고가 일어난 것이 분명했고, 불안한 마음을 억누르며 현장으로 달려갔습니다.

아니나 다를까 긴급 가동정지 중이었고, 모두가 이리저리 뛰어다니고 경보음이 쉴 새 없이 울리고 있었습니다. 처음에는 전기가 나간 것도 아니어서 어디서 큰 누출사고가 생겼다고 생각했습니다. 긴급 가동

정지 후 한숨 돌린 상태에서 확인한 결과 정유탑의 압력이 순간적으로 급격히 올라가면서 안전밸브가 터진 것이었습니다. 공장으로 공급하는 원유탱크가 바뀌는 시점이라 처음에 약간의 공정 변화가 있을 때까지만 하더라도 일상적인 일이라고 생각했지만, 어느 순간 압력이 급격히 올라가면서 일이 벌어진 것이었습니다. 확인해보니 원유의 밀도가 거의 물 수준으로 떨어져 있었습니다. 원유에 물이 섞여 넘어온 것입니다. 당시만 하더라도 일시적으로 원유에 물이 섞여 넘어오는 일이 다반사였기 때문에 한 번 흔들리다가 다시 원위치가 되곤 했는데 이번 경우에는 그렇지 않았던 것입니다.

사고 원인을 확인해보니 원유저장 지역에서 탱크를 변경하는 과정에서 배관 연결을 잘못한 것으로 밝혀졌습니다. 공교롭게도 탱크 보수작업이 끝나고 수압시험을 위해 물을 채워놓았던 탱크로 연결되는 바람에 원유 대신 물이 공정으로 들어온 것입니다. 사고 조사를 하는 과정에서 담당 운전원은 몇 번이고 확인했다고 자신했습니다. 왜 그 같은 사고가 일어났는지 알 수 없다면서, 자신이 무엇에 홀렸는지 모르겠다고 용서를 구했던 기억이 납니다.

정유공장이나 화학공장은 수많은 파이프라인으로 연결되어 있어, 배관 연결을 잘못하면 대형사고로 이어지기 십상입니다. 때문에 가동정지와 재가동 시점에는 평소 잘 사용하지 않는 파이프라인을 사용하는 경우가 많아 모두들 긴장하고, 또 여러 사람이 나누어 크로스체크를 하게 됩니다. 그럼에도 불구하고 종종 배관 연결 실수로 인한 사고가 일어납니다. 더구나 다른 공장과 연결된 부분이 많아 다른 사람이 다른 곳에서 한 실수로 인해 직접적으로 영향을 받는 경우도 종종 있습니다.

배관 연결 사고가 발생한 후에 원인 규명을 하다 보면 앞서의 예처럼 대부분 담당자는 몇 번이고 확인했다고 자신합니다. 일부러 배관 연결을 잘못하는 경우는 거의 없으니까요. 배관 연결이 중요하다는 사실은 모두 잘 알기 때문에 평상시에도 반드시 몇 번씩 확인합니다. 그런데도 왜 이런 사고가 잊을 만하면 한 번씩 일어나는지, 정말 담당자가 무엇에 홀린 것은 아닌지 그런 생각에 잠시 빠져들기도 했습니다.

과도하게 집중하면 착각에 빠질 수 있다?

한번은 TV에서 스포츠 뉴스를 보다가 재미있는 내용을 보았습니다. 야구 경기에서 어처구니없는 실책을 범하는 경우를 '본헤드 플레이(Bonehead Play)'라고 하는데, 그날 경기에서 그런 일이 벌어져 화제가 되었다는 내용이었습니다. 한화와 LG의 잠실운동장 경기에서 있었던 일인데, 다음 날 조간신문에서 간추린 기사 내용입니다.

'프로야구팀 한화의 포수 정범모가 잠실운동장에서 벌어진 LG전에서 최악의 본헤드 플레이를 해 논란의 중심에 섰다. 5회 말 한화가 0-2로 뒤진 2사 만루에서 투수 유먼이 LG 이진영과 풀카운트 승부 끝에 밀어내기 볼넷을 줬다. 마지막 공은 바깥쪽 낮은 공이었다. 정범모는 벌떡 일어나 1루수 김태균에게 공을 던진 뒤 더그아웃으로 뛰어 들어갔다. 삼진을 잡았을 때 하는 행동이었다. 그 순간 3루 주자 오지환이 밀어내기 볼넷으로 홈을 밟았고, 2루 주자 정성훈도 홈까지 파고들었다. 순식간에 점수는 0-4로 벌어졌다. 볼넷을 삼진으로 착각한 정범모

의 명백한 실수였다. 한화는 결국 0-10 대패를 당했다.'

정범모는 왜 본헤드 플레이를 했을까요? 정범모는 유먼이 던진 마지막 공(6구)을 스트라이크라고 생각했습니다. 정범모의 뒤에 있던 우효동 주심이 외친 "볼, 사이드"라는 말을 "스트라이크"로 잘못 들은 것입니다. 타자의 삼진아웃으로 이닝이 끝났다고 믿고 1루수에게 공을 던진 것이죠. 우 심판은 이번 상황에 대해 "공이 옆으로 빠져서 '볼, 사이드'라고 콜했다. 심판 경력 19년 동안 이렇게 볼을 선언해왔다. 정범모도 '죄송하다. 사인을 착각한 것 같다'고 말했다"라고 전했습니다.

정범모의 본헤드 플레이에 야구팬들은 바보 같은 실책이라고 질타했습니다. 하지만 전문가들 생각은 조금 달랐습니다. 스포츠 심리학자인 이건영 박사는 "자주는 아니지만 충분히 일어날 수 있는 일이다. 과도하게 집중하면 착각에 빠질 수 있기 때문"이라고 설명했습니다.

이 박사는 "정범모는 삼진을 잡고 이닝을 마무리하는 최상의 시나리오를 머릿속에 그리고 있었을 것이다. 그래서 심판의 '볼, 사이드'라는 말을 스트라이크로 잘못 받아들인 것"이라고 해석했습니다. 심리학에서는 이런 현상을 '확증편향'이라고 설명합니다. 자신이 원하는 결과에 들어맞는 정보만 받아들이고, 그 외의 정보는 걸러내는 인지적 편견을 가리키는 심리학 용어입니다.

자신이 옳다고 믿는 확증편향의 심리 상태

지난 2008년 미국 대통령선거가 끝난 후 미국 심리학자들은 재미있는 조사를 실시했습니다. 우리나라와 마찬가지로 미국도 대통령선거를 앞두고 후보들에 관한 책이 다수 발간되었는데, 그중에는 특정 후보에 대한 긍정적인 내용도 있지만 부정적인 내용을 담은 책들도 있었습니다. 선거운동 기간 중 온라인 쇼핑몰 아마존에서 오바마 후보와 관련된 책을 구입한 사람들을 대상으로 조사한 결과였습니다. 원래 오바마를 지지하는 사람들은 오바마에 대해 긍정적인 내용을 담은 책을 구입한 반면, 오바마를 지지하지 않는 사람들은 오바마에 대해 부정적으로 묘사한 책을 구입했다는 사실이 밝혀졌습니다. 즉 자신이 평소 가지고 있던 믿음을 뒷받침해주는 책을 구입함으로써 자신이 옳다는 것을 스스로 확인하려 드는 확증편향의 심리 상태를 보여주는 대표적인 사례로 종종 인용되고 있습니다.

우리는 곳곳에서 확증편향으로 인한 잘못된 사례를 찾을 수 있습니다. 배관 연결을 잘못한 상태에서 몇 번씩 확인해도 보지 못하는 것도 같은 이치일 것입니다. 이미 머릿속으로는 정확히 했다는 확증을 가지고 보기 때문에, 설령 잘못되어 있더라도 보지 못하는 것입니다. 그래서 잘못되었을 때 큰 피해를 가져오는 배관 연결과 같은 중요한 일은 한 사람이 여러 번 보는 것보다 다른 사람이 한 번 더 보는, 이른바 크로스체크가 필요합니다.

이뿐만 아니라 확증편향의 심리 상태를 가진 사람은 누군가가 싫으면 그 사람이 잘못되었다는 증거를 찾는 데 집중하고, 반대되는 사실은 애써 외면하기도 합니다. 그래서 전문가들은 확증편향에서 벗어나기 위해서는 평소에 균형된 시각을 갖추려고 노력하라고 조언합니다. 불편하고 싫더라도 내 생각과 반대되는 정보를 의도적으로 접하는 것이 중요하다는 것입니다.

우리는 평소 일을 하는 동안 수많은 다른 조직이나 개인들과 관계를 맺게 됩니다. 여러 사람과 함께 일할 때, 다른 사람의 오류만큼이나 자신의 오류 가능성에 대해서도 주의를 기울여야 합니다. 자신이 혹시 확증편향에 사로잡혀 있는 것은 아닌지 늘 되돌아봐야 안전사고를 미연에 방지할 수가 있으니까요. 더불어 주위에 그런 시각을 가진 구성원이 있다면 이를 바로잡아 주도록 노력하는 것도 리더의 역할 가운데 하나입니다.

창조적 파괴가
혁신의 시작

　할아버지의 여동생 한 분이 일제강점기 때 결혼한 후 일본으로 건너
갔다가 해방 후에도 귀국하지 못한 채 재일동포로 남으셨습니다. 제게
왕고모님인 이분은 제가 초등학교 5, 6학년이 되었을 무렵, 친척들을
만나려고 한국에 들른 길에 저희 집에도 오셨습니다. 우리나라가 아주
가난했던 시절이라 이분은 일본에서 올 때 온갖 잡화를 선물로 준비해
친척들에게 나누어주셨습니다. 우리 집에 선물로 들고 오신 것은 바로
소형 카메라였습니다.

　카메라가 귀했던 시절이라 보물 다루듯 집에 모셔두었는데, 중학
생 시절 소풍 갈 때 이 카메라를 가지고 가서 친구들의 부러움을 한 몸
에 받았습니다. 친구들이 서로 찍어 달라고 부탁해서 우쭐거리는 기분
으로 한 장씩 찍어주었던 기억이 새롭습니다. 필름 값이 만만치 않았
기 때문에, 인화한 후에 사진을 나누어줄 때 필름 값을 다 계산해서 받

았습니다. 그때 접한 것이 바로 코닥필름과 후지필름, 그리고 사쿠라 필름이었습니다. 이후 대학교 졸업 때 동기 한 명이 한국코닥에 입사하는 것을 보고 우리나라에도 필름 공장이 있다는 것을 처음으로 알게 되었습니다.

소니는 이빨 빠진 호랑이 신세로 전락

입사한 후 처음으로 해외 출장을 간 나라가 일본이었습니다. 동경 시내와 동경에서 전철로 한 시간쯤 떨어진 3개 회사를 차례로 방문하는 일정이었습니다. 해외여행이 흔치 않았던 시절이라, 가기 전부터 초등학교 시절 소풍 갈 때처럼 마음이 설레었습니다. 출장 기간 중 마침 주말이 끼어 있어 관광 모드로 동경 시내를 이리저리 구경하러 다녔습니다. 출장길에 동행한 선배가 반드시 가봐야 하는 곳으로 신주쿠와 아키하바라 지역을 추천했습니다. 두 지역 다 일본에 간 한국인이라면 반드시 들러야 할 정도로 유명한 쇼핑가였으니까요.

신주쿠역 앞에 있는 요도바시카메라점과 아키하바라 전자상가 주변은 일본 가전제품을 사려는 한국 사람들을 쉽게 만날 수 있을 정도로 관광 필수 코스였습니다. 당시 한국인 관광객에게 최고로 인기 있었던 제품은 단연 소니의 소형 카세트 플레이어인 '워크맨'이었습니다. 주머니에 넣고 다닐 수 있는 조그만 워크맨은 세계적으로 선풍적인 인기를 끌어, 우리나라에서도 젊은이들 사이에서 하나씩 장만하는 것이 유행이었습니다. 그래서 일본에 들른 한국인들은 가격도 싸고 신형 모델인 제품을 많이 구비한 이 지역을 찾아가 워크맨을 한두 개씩 장만했던 것입니다.

현장 엔지니어로 있을 때 과장님과 회식을 할 때마다 식당에 가면 제일 먼저 하는 일이, 조정실에 전화해서 식당 이름과 전화번호를 전달하는 일이었습니다. 휴대폰이 없던 시절이라, 현장에 무슨 일이 생기면 즉각 연락 가능하도록 해야 했기 때문입니다. 주말에 당직을 서게 되면 임원들이 전화해서 공장의 이상 유무를 묻고, 어떤 분들은 자신의 위치나 연락처를 알려주기도 했습니다. 1980년대 후반에서 90년대 초반 무렵 카폰이라는 것이 처음 선보였고, 이어서 벽돌만 한 크기의 이동무선전화기가 사람들의 호기심을 자극했습니다. 가끔씩 CEO께서 이동무선전화기로 직접 상황실로 전화해 공장 상황을 확인하는 일도 있었습니다. 바로 모토로라가 만든 휴대폰이었는데, 지금처럼 초등학생까지 스마트폰을 가지고 다니는 세상은 상상도 못 했던 시절입니다.

코닥, 소니, 모토로라 등 세 회사의 공통점은, 한 시대를 선도했지만 지금은 다른 회사에 합병되어 사라졌거나 힘든 시절을 보내는 신세로 전락했다는 것입니다. 그래서 기업 경영 실패 사례를 이야기할 때마다 이 세 회사가 단골로 등장하지요. 코닥은 디지털카메라를 제일 먼저 발명하고도 디지털 세상에 적응하지 못했고, 가전제품의 1인자로 세계 시장을 주름잡았던 소니도 이젠 이빨 빠진 호랑이 신세로 전락했고, 한때 휴대폰 시장을 호령했던 모토로라는 인수 합병되어 더 이상 휴대폰 시장에서 볼 수 없습니다. 이들 회사에는 훌륭한 인재도 많았고, 자금도 풍부했을 것이고, 미래 시장에 대해서도 새로운 전략을 세우고 혁신을 추구했을 텐데 시장에서 사라지는 운명에 처한 이유가 무엇일까요? 세계적인 기업들이 몰락한 이유에 대해 많은 경영학자들이 밝혀 내려고 시도하고 있습니다.

파괴적 혁신 이론으로 유명한 하버드대학의 클레이튼 크리스텐슨 (Clayton M. Christensen) 교수는 〈조선일보〉와의 인터뷰에서 파괴적 혁신의 필요성을 설명하면서 소니를 예로 들었습니다. 일본의 고도 성장기에 가전제품 시장에서 소니가 미국 기업들을 제치고 정상에 올랐으나, 정점에 오르자 성장이 정체되고 새로운 경쟁자가 나타나면서 몰락의 길로 접어들었다는 것입니다. 기업이 정점에 오르면 반드시 새로운 경쟁자가 출현하게 되어 있는데, 이에 잘 대처하지 못하면 바로 위기에 빠진다는 지적입니다. 혁신에 성공하지 못한 이유 중의 하나를 '조직적 관성'이라는 용어로 설명했습니다. 정점에 오르면 최고가 될 때까지 만들어놓은 많은 인프라(기술과 마케팅의 인프라 등)를 버리지 못하고 주저하기 때문이라는 것입니다. 코닥이나 소니가 디지털 시대에 발 빠르게 대응하지 못했던 것은 그들이 가지고 있던 아날로그 시대에 맞는 최고의 기술을 쉽게 포기하지 못했기 때문입니다. 그동안 잘하고 있던 것에 몰두하느라 변화의 흐름을 놓쳐버린 것이지요.

버려야 할 것은 버려야 지속적인 성장이 가능하다

얼마 전, 울산 시청에서 열린 '중대산업사고 예방을 위한 CEO 포럼'에서 주제 발표를 했습니다. 〈한국경제신문〉이 주최하고 고용노동부와 울산시, 안전보건공단이 주관하기 때문에 회사 차원에서 발표자로 나서야만 했습니다. 발표 내용을 책자로 만들어 배포하기 위해, 지난 몇 년 동안 회사가 활동한 내용을 정리하기로 했습니다. 원고를 정리하는 동안 느낀 소회는 안전문화를 개선하려는 노력이 여러 분야에서 어느 정도 성과를 거두었다는 것입니다.

안전관리체계를 비롯해 안전철칙, 원 스트라이크 아웃, 감사체계, 협력업체 인증 취득 등을 처음으로 시행했고, 아차사고 관리, 변경관리 고도화 등 예전부터 하던 일들을 보완한 것도 많았습니다. 발표를 하고 나서 패널로 참석했던 한국노총의 산업안전본부장이 제게, 기업에서 노동자들의 안전을 위해 이렇게 노력해주니 감사하다는 과분한 인사말까지 들려주었습니다.

그런데 원고를 만들면서 여러 가지 생각이 교차했습니다. 사고 조사를 강화하고, 아차사고 관리를 더 활성화하고, 변경관리를 더 고도화하자고 제안하는 등 처음 시작할 때는 의욕에 차서 리더들과 구성원들을 직접 챙기는 데 앞장섰습니다. 그러나 시간이 흐를수록 제 자신이 조금씩 소홀해지는 것은 아닌지, 구성원들도 관심을 소홀히 하는 사이 예전으로 돌아가고 있는 것은 아닌지 하는 우려가 들었습니다. 구성원들이 아차사고 사례를 겪으면 저절로 보고할 만큼 우리 스스로 체질화되었는지 반문도 해보았습니다. 아직은 그런 수준에는 못 미치는 것이 사실일 것입니다.

정점에 오른 기업은 또 다른 혁신을 위해 버려야 할 것은 과감히 버려야만 지속적인 성장을 유지할 수 있습니다. 안전과 관련된 일처럼 어떠한 경우라도 반드시 지켜야만 지속적인 성장이 가능한 것들이 있습니다. 공장 내에도 버려야 할 것들과 지켜야 할 것들이 분명히 있습니다. 그러니 어느 분야에서 우리가 잘하거나 최고라고 생각하는 것들 중에서도, 새로운 성장을 위해 과감히 버려야 할 것들은 무엇이고 반드시 지켜야 할 것들은 무엇인지에 대해 리더들은 끊임없이 고민해야 할 것입니다.

ACTION

4장

안전경영을
평가하라

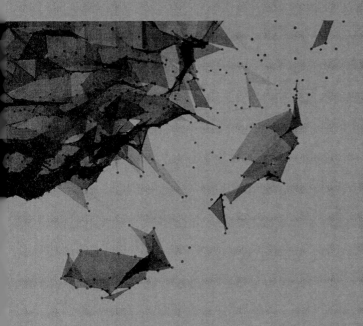

사고 기념일을
기념하라!

세월호가 침몰한 4월 16일을 '국민안전의 날'로 지정

　예전에 '오늘의 역사'라는 제목으로, 그날 일어났던 여러 가지 역사적인 사건들을 소개하는 TV 프로그램이 있었습니다. 예를 들어 인류가 최초로 달에 발을 디딘 날, 태평양 전쟁이 일어난 날 등 세계적인 관심사부터 우리나라에서 일어난 역사적인 사건까지 소개했습니다.

　개인에게 특별한 의미를 지닌 날들로는 생일과 결혼기념일 등을 꼽을 수 있겠습니다. 그리고 국가나 사회 차원에서 특별한 의미를 지니는 기념일도 있습니다. 예를 들어 우리나라는 삼일절, 광복절, 개천절 등의 역사적인 의미를 길이 기억하기 위해 공휴일로 지정하고 국가 차원의 기념식을 실시합니다. 이처럼 개인에게 의미 있는 기념일이 있고, 또 우리나라 국민이라면 누구나 기억해야 할 국가 기념일도 있습니다.

일전에 개인적으로 친분이 있는 안전보건 분야의 전문가 한 분이 인도로 출장을 간다며 문자를 보냈습니다. 국내뿐만 아니라 국제적으로도 화학공장의 안전 전문가로 인정받기 때문에 국제 세미나 참석이 많은 분입니다. 그래서 인사도 할 겸 전화를 걸어, 왜 인도로 가는지 출장 목적을 물어보았습니다. 그랬더니 이번 출장은 보팔 사고 30주년 기념 안전세미나에 기조연설자로 초청받아 한 수 가르쳐주러 간다며 호탕하게 웃었습니다.

보팔 사고는 인류 역사상 최악의 화학공장 사고로 기억될 만큼 끔찍한 사고(사고 당시 약 3,000명이 즉사하고, 수십만 명이 다치고, 이후 사망자가 2만 명이 넘는 등 인도 보팔 시 전체가 폐허로 변한 최악의 가스 누출사고)였습니다. 사고 내용은 알고 있었지만 벌써 30년이 지난 줄은 모르고 있었습니다. 며칠이 지난 후 미국 화학사고조사위원회로부터 이메일 한 통을 받았습니다. 통상적인 사고보고서인 줄 알았는데, 내용을 보니 보팔 사고 발생 30주년인 12월 2일을 맞아 보낸 메일이었습니다. 이메일에서 CSB는 짧은 영상 안전 메시지를 같이 보냈는데, 우리는 절대 이날을 잊어서는 안 된다는 내용이었습니다.

우리는 미국의 공정안전관리제도(PSM) 시스템을 채택해서 그대로 적용하고 있지만, EU는 화학사고관리법령인 '세베소 지침(Seveso Directive)'이라는 제도를 제정하여 전 회원국에 적용하고 있습니다. 세베소는 이탈리아의 도시 이름으로, 1976년 이 도시에 있던 화학공장에서 반응기 압력 상승으로 안전밸브가 터지면서 독성물질인 다이옥신이 대기 중으로 누출되는 사고가 일어났습니다. 이 사고로 수많은 사람이 화상을 입고 피부병에 걸렸고, 가축 수만 마리가 죽는 등 어마어마한 피해가 발생했습니다. 이후 EU는 1982년 중대산업사고의 예방과 피해 최소화를 위해 가맹국들이 반드시 준수해야 할 최소한의 기준을 정립했고, 세베소 사고를 영원히 잊지 말자는 의미에서 이 기준을 '세베소 지침'이라고 명명했습니다.

우리나라에서 일어난 세월호 사고도 국가적인 재난이었고, 그 후유증은 상상을 초월하는 것이었습니다. 어떤 경제연구소의 분석보고서에 의하면, 경기가 바닥을 치고 회복세로 돌아서던 즈음에 이 사고가 발생하여 경기회복세가 다시 주저앉아 버렸습니다. 세월호 사고 이후 경기가 지금껏 회복되지 않고 있다고 할 정도로 충격파의 여진이 강하고 길게 이어지고 있습니다. 그리고 국회에서 재난안전관리법을 개정하면서 4월 16일을 '국민안전의 날'로 지정하는 법안이 통과되어, 자연스럽게 세월호 사고의 교훈을 되새기게 될 것입니다. 사실 성수대교 사고나 삼풍백화점 사고 때 이런 날을 만들었더라면 우리나라의 안전 수준이 좀 더 높아졌을 수도 있겠다는 생각이 듭니다.

모든 사고의 원인은 인재다

제게도 안전과 관련하여 잊을 수 없는 날이 있습니다. 2010년 12월 어느 날 오전 9시가 조금 지난 시각, 서울 아산병원에서 오후 1시에 예정된 PET 검사를 위한 주사를 맞고 커피숍에서 커피를 마시고 있었습니다. 2006년 2월에 신장암 수술을 받고, 암의 전이 여부를 확인하기 위해 매년 한 차례 검사를 받았는데 이번이 마지막 검사였습니다. PET 검사용 주사를 맞으면 몸이 으슬으슬하고 기운이 빠지기 때문에 검사할 때까지 기다리는 것도 고역입니다. 커피숍 탁자에 엎드려 있는데 문자가 왔습니다. 제2 공장장이 보낸 문자였는데, 내용을 보자마자 온몸이 얼어붙었습니다.

'중질유 분해공장에서 사고가 발생한 것 같습니다.'

몸과 마음이 온통 긴장감에 휩싸인 채 제1 공장장에게 전화했지만 연결되지 않았고, 제2 공장장에게 전화를 했습니다. 그러나 제2 공장장은 구체적인 내용을 잘 모르고, 소방차들이 중질유 분해공장 지역으로 갔다는 소식을 전해주었습니다. 그리고 연소기가 정상이라는 말에 순간적으로 '공정에 별 탈이 없으니 큰 사고는 아니겠구나'라고 안도하면서 제1 공장장에게 전화를 부탁한다고 전해 달라고만 했습니다.

그러나 몇 시간이 지나도 아무런 연락도 없어 초조감만 더해갔습니다. 어떻게 해볼 도리가 없는 상태에서 검사실로 들어가 검사를 받은 후, 울산으로 돌아가는 차 안에서 충격적인 소식을 들었습니다. 수소 제조공정에서 사고가 났고, 공장 가동이 중단되었으며, 공장을 다시 가동하는 데 많은 시간이 필요하다는 것이었습니다. 언제나 그렇지만 사고는 어처구니없는 이유로 일어났습니다. 시간이 지나고 돌아보니 '스위스 치즈 이론'이 정확하게 맞아떨어진다고 할 정도로 현장 곳곳이 허점투성이였다는 것이 밝혀졌습니다.

안전 전문가들은 "모든 사고는 인재다"라고 이야기합니다. 요즘 안전 강사로 인기가 높은 김동수 회장은 안전 관련 강의를 할 때마다 "Why?"를 계속 물어보면 결국 사람의 잘못으로 귀결된다고 주장합니다. 기계의 운전 잘못은 차치하더라도 자재 불량, 시공 불량 등 우리가 자주 언급하는 모든 원인을 끝까지 파고 들어가면 사람의 문제로 귀결될 수밖에 없습니다. 그래서 모든 사고의 원인은 인재라는 표현이 정답입니다.

사람은 망각의 동물이라, 아무리 큰일도 시간이 지나가면 점점 뇌리에서 사라집니다. 사고가 나서 큰 홍역을 치를 땐 다시 이런 일이 생기지 않게 하겠다고 다짐하지만 1년, 2년 시간이 지나면서 점점 희미해지기 마련입니다. 그래서 개인이건 국가건 기념일을 만들어, 그때 일어났던 일들을 되새기면서 결심을 새롭게 하는 것입니다.

보팔 사고 30주년이 되어 심포지엄을 여는 것, CSB가 그날의 일을 되새기는 메일을 보내는 것, 그리고 안전관리 규정을 '세베소 지침'으로 명명하는 것 등은 '우리 모두 사고를 절대 잊지 말자'라는 뜻일 것입니다. 우리도 그동안 크고 작은 사고가 많이 있었습니다. 만약 공정별로 잊지 말고 교훈으로 삼아야 할 사고가 있다면 자체적으로라도 기념일을 만들어 다시는 그런 일이 생기지 않도록 다짐하는 것도 의의가 있을 것입니다.

우리 모두
기억전달자가 되자

고참이 물광, 불광 등 군화에 광택 내는 법을 전수

4월 중순 무렵부터 주말이 되면 동네 도서관에 자리를 구하기가 어렵습니다. 새 학기가 시작되고 처음으로 맞이하는 시험인 중간고사가 시작되기 때문입니다. 특히 중고등학교 1학년 학생들에게는 첫 중간고사가 긴장감이 더한 것 같은데, 아마 새로운 환경에서 처음 받는 테스트이기 때문일 것입니다.

제 경우도 오랜 세월이 흘렀지만 중학교 1학년 시절 첫 중간고사 시험일자가 알려지자마자 긴장했던 기억이 생생합니다. 시험 준비를 한답시고 평소에 가지 않던 학교 도서관을 들락거렸으니까요. 중학교의 시험 문제는 이전 초등학교 시절과 어떻게 다른지 궁금하고 걱정도 되었는데, 도서관에서 제 옆자리에 앉아 있던 2학년 선배가 제 책을 물끄

러미 보더니 이것저것 알려주었습니다. 제가 공부하는 지리 교과서의 특정 부분을 집어서, "이것은 반드시 시험에 나오는 부분이니 외워야 한다. 작년에도 나왔다"라면서 소위 기출문제를 알려주었습니다. 지리 시험을 치를 때 그 선배가 가르쳐주었던 것이 대부분 출제되어 매우 기뻐했던 기억이 새롭습니다.

다니던 대학교 인근에서 하숙하던 시절이었습니다. 제 앞방에는 의과대학 본과에 다니는 선배가 있었는데, 시험 때가 되면 책상 위에 해골 모형을 가져다 놓고 중얼거리며 죽어라 공부하는 모습을 보면서 측은한 마음이 들 정도였습니다. 그 선배는 틈만 나면 "시골 촌놈이라 학교 선배가 없으니 기출문제를 못 구해 미칠 지경이다"라며 불평을 내뱉었고, 제가 동병상련의 마음으로 맞장구쳤던 것도 아련한 추억으로 남아 있습니다.

논산훈련소에서 8주간의 신병 훈련을 마치고 자대에 배치받은 뒤, 긴장감이 극도로 높아져 있을 무렵이었습니다. 처음 며칠 동안 일과 훈련을 마치면 내무반에서 차렷 자세로 대기하다가, 선임병들이 시키는 것을 하면서 이른바 적응 기간을 보냈습니다. 그렇게 일주일쯤 지나자 바로 위 고참이 훈련을 마치고 내무반에 들어오더니 자기를 따라오라고 했습니다. 지금부터 군화 닦기 당번이라며 내무반 뒤쪽으로 데려갔습니다. 훈련을 받느라 먼지투성이인 고참들의 군화가 일렬로 늘어서 있었습니다. 군화를 나름 열심히 닦기 시작했으나 고참들의 속도를 반도 못 따라갔고, 반짝반짝 광택은커녕 겨우 먼지를 떨어낸 수준이었습니다.

제가 닦은 군화를 본 고참 왈, "야, 인마! 그렇게 닦아가지고 여대생

치마 속의 팬티 색깔을 알아내겠어?"라며 익살스러운 표정을 지었습니다. 혼내는 것인지 놀리는 것인지 모른 채, 군화의 광택 내는 법을 기초부터 상세히 배우기 시작했습니다. 고참은 물광, 불광 등 군사용어(?)와 함께 차례차례 순서대로 군화 닦는 요령을 가르쳐주었습니다. 시간이 흐르고 군대 생활에 익숙해지면서 군화 닦는 속도와 광내기도 고참들 수준을 따라갈 수 있었습니다. 그리고 이때쯤 새 후임병들이 내무반에 들어왔고, 자연스럽게 그들에게 군화 닦는 비법(?)을 전수해주었습니다.

30여 년간 조그만 사고부터 큰 사고까지 정리한 책자

제가 신입사원 시절에는 지금처럼 직무훈련을 체계적으로 실시하지 않았습니다. 그래서 부서 선배들을 따라다니며 귀동냥으로 물어물어 일을 배워야 했던 시절이었습니다. 그런데 부서에 한 명뿐이던 선배가 제가 가자마자 곧바로 새로운 프로젝트 때문에 다른 부서로 장기 파견을 가버리는 바람에, 일할 때마다 다른 부서의 선배들을 찾아다니며 물어봐야 했습니다.

입사 초기에 겪었던 가장 난감했던 일은 경제성 분석과 관련된 업무였습니다. 당시만 해도 걸프 시절의 유산이 많이 남아 있던 때라, 조그만 투자 사업도 경제성 분석을 아주 복잡하게 해야 했습니다. 그런 업무 지식을 배운 적이 없었던 터라 과거 선배들이 했던 자료를 구해다 혼자 공부했지만 한계를 느낄 수밖에 없었습니다. 예를 들어 페이아웃

(Pay out) 기간을 구하는 것은 그런대로 쉬웠으나, 요즘은 분석하지 않는 현가할인율은 아무리 봐도 알 수 없어 선배들의 도움을 받아 겨우 해결할 수 있었습니다.

국내에서 상영된 영화 〈루시〉를 직접 보지는 못했지만, 한국 배우 최민식이 비중 있는 역으로 출연했고, 줄거리가 화제작 〈올드보이〉와 비슷하다는 내용의 기사를 본 적이 있습니다. 이 영화에서 철학자로 나오는 노먼이 말한 "생명의 유일한 목표는 자신이 배운 것을 전하는 것이다"라는 명대사를 소개한 어느 영화 평론가의 글이 기억납니다.

주위를 둘러보면 평범하게 살았지만 자신의 일생을 정리한 자서전을 펴내 자신의 생각과 경험을 후손들에게 물려주려는 사람들이 의외로 많습니다. 물론 잘나고 못나고를 떠나서 누구나 자신이 살아온 인생이 책 한 권 분량은 차고 넘친다고 자신할 것입니다. 이처럼 많은 사람들이 삶의 흔적을 남기려는 것을 보노라면 노먼의 말이 단순히 영화 속 이야기만은 아닌 것 같습니다. 리처드 도킨스(Richard Dawkins)가 저술한 '이기적 유전자'라는 제목의 책은 1976년에 초판이 출간된 이래 끊임없는 논쟁을 불러일으키고 있습니다. 책에서 그가 "인간을 포함한 모든 생명체는 자신의 DNA를 남기기 위해 존재하고 진화한다"라고 정의한 것도 유사한 맥락이라는 생각이 듭니다.

다산 정약용은 전남 강진에서 18년간 유배 생활을 하면서도 자식들을 걱정하여 수백 통의 편지를 보내 훈육하기를 멈추지 않았습니다. 여러 권의 책으로 펴낸 그의 편지에는 "책을 가까이하라"라는 일반적인 훈계뿐만 아니라 독서법과 같은 구체적인 공부 방법까지 가르치고 있습니다. 그리고 처세에 대한 이야기까지, 아버지로서 자식에게 자신의 삶의 경험과 지혜를 전수하기 위해 끊임없이 노력했던 것을 알 수 있습니다.

몇 년 전, 현장에서 30년 이상 근무하다가 정년퇴직을 하신 분이 자신의 경험을 후배들에게 전수해주기 위해, 그동안 겪은 조그만 사고부터 큰 사고까지 정리한 책자를 보았습니다. 그분은 자신이 겪었던 사고를 후배들이 겪지 않기를 바라는 소박한 마음으로 만들었다고 했습니다. 사실 개인이 남기는 이런 기록들은 돈을 주고도 살 수 없는 값진 것입니다. 이후 정년퇴직을 1년여 남겨둔 분들에게 이 이야기를 전하면서 한번 시도해보라고 권하지만 쉽지 않은 일인 모양입니다.

사고 예방을 위한 좋은 방법 가운데 하나는 주기적으로 과거의 사고 사례를 정리하여 구성원들과 공유하며 과거의 아픈 기억과 교훈을 되새기는 것입니다. 선배가 기출문제를 알려주는 것, 신병에게 구두 닦는 기술을 전하는 것, 현장에서 후배들에게 노하우를 가르치는 것 등 자신의 경험과 지식을 전하는 행위는 우리 모두가 실천해야 할 필수 사항입니다. 회사가 지속적으로 발전하려면 지난 60년 동안 경험하고 축적한 모든 것이 하나도 빠짐없이 후대까지 전해져야 할 것입니다.

우리 모두 기억전달자가 됩시다!

내 눈에 티끌,
남의 눈에 대들보

사고가 났을 때 큰소리치는 놈이 이긴다?

요즘 뉴스에 자주 등장하는 기사 가운데 하나가 바로 보복운전에 관한 내용입니다. TV 뉴스에서 한 승용차 운전자가, 자기 차 앞으로 끼어들었다는 이유로 버스 앞으로 가서 천천히 운전하여 버스 운행을 방해하다가 급기야는 버스 앞에서 급정거하여 추돌하게 만드는 동영상을 본 적이 있습니다. 그리고 고속도로에서 자기 차를 추월했다는 이유로 그 차 앞으로 가서 갑자기 속도를 줄이는 바람에 뒤에 따라오는 차가 급브레이크를 밟는 아찔한 장면도 별것 아니게 되어버렸습니다. 이런 위험천만한 사람들이 나중에 경찰서에 가면 자기 탓이 아니고 다른 차가 먼저 자기를 방해했다고 억울한 듯이 이야기한다고 합니다.

오래전 고속도로에서 어떤 차가 제 앞을 가로막기도 하고, 또 갑자기

속도를 줄이는 바람에 추돌 일보 직전까지 간 적이 있었습니다. 영문도 모른 채 식은땀을 흘리며 차선을 바꾸어 2차로로 서행했던 기억이 납니다. 요즘은 블랙박스가 있어서 나중에라도 찾아내 처벌할 수 있지만, 당시만 하더라도 아무런 방법이 없었지요.

저는 운전면허를 따고도 한동안은 회사 내에서만 운전했습니다. 그래서 처음 차를 구입했을 때는 시내에서 제대로 운전할 수 있을지 걱정이 앞섰습니다. 운전 경험이 남 못지않음(?)에도 불구하고, 처음 차를 몰고 출근할 때는 마치 운전연수 받는 사람처럼 벌벌 떨었습니다. 속도도 내지 못하고 차선도 잘 바꾸지 못하며 회사까지 식은땀을 뻘뻘 흘리며 왔으니까요.

차를 구입했다는 사실을 전해 들은 주위 사람들이 차량 관리와 운전 요령에 대해 이런저런 충고를 해주었습니다. 가장 많이 듣고 가장 깊게 마음속에 새긴 이야기는 사고에 대처하는 방법이었습니다. 가장 좋은 방법은 한마디로 "사고가 났을 때 큰소리치는 놈이 이긴다"라는 것이었습니다. 자동차 사고의 경우 잘잘못을 따지기가 애매한 상황이 많으니 우선 큰소리쳐서 상대의 기를 눌러놓아야 나중에 손해를 덜 본다는 뜻이겠지요. 요즘이야 어떤 사고든 보험회사에 연락해서 수습하는 것이 일반적이지만, 당시만 하더라도 법은 멀고 주먹은 가까운 그런 시절이었으니까요.

처음 사고를 경험한 것은 출근길에 일어난 경미한 접촉사고였습니다. 그런데 저만 그런 충고를 들은 것이 아님을 금방 알았습니다. 출근 시간대에 신호등이 없는 골목길에서 큰길에 진입하기 위해 기다리고 있는데 차 뒤에서 '쿵' 하는 소리가 들렸습니다. 순간적으로 추돌을

당했다고 생각하고 차에서 내리니, 어느새 뒤차 운전자가 다가와 삿대질을 하며 큰소리를 쳤습니다. 제가 급정거를 하는 바람에 사고가 났다는 식으로 사고 원인을 따지는 것이었습니다. 어이가 없었지만 저도 질세라 목청을 높였습니다. 큰길에 진입하기 위해 서 있는데 뒤에서 추돌하는 사람이 어디 있느냐고 하면서 옥신각신 말다툼을 했습니다. 그동안 골목길은 차들로 아수라장이 되어버렸고, 뒤에서 지켜보던 한 운전자가 다가왔습니다. 그러고는 "두 차 모두 별로 상한 데 없으니 그냥 가시지요"라고 하는 통에 겸연쩍게 그 자리를 피했던 씁쓸하고 부끄러운 기억이 있습니다. 이 사고 경험을 통해 동료들의 무식한(?) 충고는 귀담아들을 일이 아니라는 것을 깨달았습니다.

내 잘못이 아니라 남의 잘못부터 먼저 찾는 습성

SHE 본부로 가자마자 CEO로부터 사고 조사와 관련된 절차를 정비하라는 지시를 받았습니다. 현장에 오랫동안 근무하면서 많은 사고를 겪었고, 사고마다 조사가 이루어졌고, 사고 조사 팀원으로 참여한 적도 많았습니다. 그때마다 무엇인가 부족하다는 느낌이 들었고, 비슷한 사고가 발생해서 예전의 사고조사보고서를 다시 보면 사실관계가 명확하지 않은 경우가 많았습니다. 사고조사보고서에는 사고가 왜 일어났고, 그래서 무엇을 개선해야 하는지에 대해 누구나 알기 쉽고 정확하게 기술한 내용이 없었으니까요.

갑작스럽게 본사 발령이 나서 서울에서 근무하다가 다시 울산 현장으로 돌아온 건 꼭 3년 만이었습니다. 오랜 기간 울산공장에서 떨어져 있은 탓에 무디어진 현장 감각을 되찾으려면 하루라도 빨리 현장으로 들어가는 길밖에 없습니다. 그래서 돌아오자마자 옛 고향과도 같은 울산공장의 여기저기를 돌아다니며 생체리듬을 현장에 맞추려고 노력했습니다.

그러던 어느 일요일, 원유저장 지역을 맡고 있는 팀장에게서 긴급한 전화가 왔습니다. 50만 배럴의 탱크 지붕이 기울어지고 있다는 보고였습니다. 휘발성이 강한 원유로 가득 찬 탱크의 지붕이 전도된다면 걷잡을 수 없는 상황이 되기 때문에 잔뜩 긴장하여 현장으로 달려갔습니다. 직접 탱크에 올라가 보니 지붕이 많이 기울어진 상태였고, 이미 원유가 지붕 위로 새어 나오고 있었습니다. 일단 최대한 빠른 시간에 원유 탱크를 비우는 조치를 취함과 동시에 만일의 사태에 대비해서 만반의 준비를 하라고 지시했습니다. 모두 신속하게 안전조치를 취한 결과 아무 사고 없이 원유를 다른 탱크로 이송하는 작업을 완료했습니다.

현장 수습이 끝난 후 사고 원인을 조사하는데 설비팀과 생산팀의 의견이 엇갈렸습니다. 지붕이 기울어진 것은 지붕 위에 물이 가득 찼기 때문이라는 사실이 밝혀졌습니다. 그런데 지붕 위의 물이 빠지지 않은 원인에 대해 생산팀은 고장 난 지붕배수밸브를 지적했고, 설비팀은 물이 찬 상태로 오래 방치한 생산팀의 잘못이라고 주장한 것입니다. 당시 저는 생산조직의 책임자였고 우리 구성원들이 그렇게 방치했을 리가 없다고 자신한 탓에 주로 설비 쪽에서 원인을 찾는 데 주력했습니다.

사고 원인 규명을 위해 관련 조직들이 모여 몇 차례 회의를 했으나,

생산은 설비 탓으로 돌리고 설비는 생산 탓으로 돌리는 핑퐁 게임만 계속되었습니다. 양측의 주장이 워낙 팽팽하여 사고 보고를 제때 마무리하지 못한 채 시간이 한참 흐른 후에서야 마무리되었습니다.

돌이켜 생각해보면 사고 조사를 할 때마다 나의 잘못이 아니라 남의 잘못부터 먼저 찾는 습성이 있다는 것을 반성하지 않을 수 없습니다. 물론 일반적인 사고는 여러 가지 원인이 복합적으로 작용할 때가 많습니다. 어떤 사고든 한 가지 원인만으로 규정하기는 불가능하다는 뜻입니다. 복합적인 원인이 작용한 사고일수록 내 탓 남 탓만 하다 보면 정작 중요한 사고의 인과관계를 밝히는 게 불가능해집니다. 만약 사고가 일어난다면 각자 냉정하게 자신의 잘못을 인정하고 받아들이는 자세야말로 사고 원인을 명확하게 밝히는 지름길일 것입니다.

내 일에 대해서는 내가 책임지는 것이 바로 우리 모두의 안전을 책임지는 일입니다.

소 잃고 외양간을
고치자

아내가 주말에 울산에 내려와, 저녁을 먹으러 아파트 내 상가에 있는 일본식 라면 가게에 들렀습니다. 늦은 시각이라 조그만 가게 안에는 손님이 저희 부부밖에 없었습니다. 라면을 주문하고 음식을 기다리고 있는데 젊은 친구 두 명이 가게 문을 열고 들어왔습니다. 둘은 옆 테이블에 앉기도 전에 먼저 뒷주머니에서 지갑을 꺼내더니 테이블 위에 놓았습니다. 그러고는 서로 아무 말도 없이 자기 휴대폰을 보기 시작했습니다. 순간적으로 애들이 생각났습니다.

예전에 서울에서 근무하는 동안 간혹 식구들끼리 외식하러 가면 애들이 자리에 앉으면서 뒷주머니에서 지갑을 꺼내 테이블 위에 놓는 걸 여러 번 보았습니다. 그럴 때마다 "중요한 지갑을 왜 테이블 위에 놓니? 잃어버리면 어쩌려고"라고 안타까운 마음에 잔소리를 꺼내지요. 그러면 애들은 "절대 그런 일 없으니 걱정 마세요. 요즘 우리 세대는 이렇게 하는 게 일반적이에요. 뒷주머니에 지갑이 들어 있는 채로 의자에 앉으면 불편하니까요"라고 시큰둥하게 대답하고 아무렇지도 않다는 듯이 휴대폰을 꺼내 들곤 합니다.

옆자리를 보면서 아내에게 "우리 애들이랑 똑같네. 자리에 앉자마자 저렇게 지갑을 꺼내놓네. 잊어버리면 어쩌려고"라며 다소 못마땅한 표정을 지었습니다. 그랬더니 아내 왈, 이제 우리 애들은 절대로 지갑을 꺼내놓지 않는답니다. 예전에 그렇게 하지 말라고 할 때는 들은 척도 안 하던 애들이 무슨 이유로 그렇게 변했는지 궁금했습니다. 알고 보니 두 녀석 모두 그렇게 하다가 결국 지갑을 잃어버린 것이었습니다. 성격이 비교적 꼼꼼한 큰 녀석은 한 번 지갑을 잃어버린 후 절대로 지갑을 테이블 위에 놓지 않는다고 했습니다. 덜렁거리는 둘째 녀석은 지갑을 한 번 잃어버리고도 계속 지갑을 테이블 위에 두다가 결국 두 번째 잃어버리고 나서야 버릇을 고쳤다고 합니다.

양을 잃은 다음에라도 우리를 확실하게 고쳐야 한다

얼마 전 한 화학회사의 폭발사고 소식을 접하고 나서 잊히지 않는 두 가지 사고가 문득 떠올랐습니다. 첫째는 이번과 유사한 사고였으나 다행히도 인명 피해가 없었던 제2 폐수처리시설 폭발사고이고, 둘째는 제2 FCC 공장의 폐가스보일러 누출사고입니다. 이 두 가지 사고는 전혀 관련이 없는 것 같지만, 양을 잃고 우리를 제대로 고치지 않아서 일어난 사고라는 점에서 유사합니다.

2013년 6월 어느 날, 제2 종합폐수처리장으로 유입되는 폐수의 중간 집수조인 제2 집수조에서 폭발과 함께 화재가 발생해 건물 외벽과 인근 배관 일부가 파손되는 사고가 발생했습니다. 당일 집수조에서 작업이 있었으나, 폭발이 일어난 시점에 작업자들이 현장을 벗어나 휴식을 취하던 중이라 다행히 인명 피해가 없었습니다. 사고조사보고서를 보면 비정상적인 폐수(다량의 하이드로카본(Hydrocarbon)이 포함된 폐수)가 유입되어 원인을 제공했고, 펌프 형태와 관리상의 문제로 마찰열이 발생해 폭발한 것으로 나타났습니다.

그런데 문제는 그 이전에도 방향족 제조공정 지역에 있는 폐수처리 시설에서 유사한 폭발사고가 발생했다는 데 있습니다. 1999년 사고를 겪고도 동일한 유형의 사고가 발생한 것은 당시 사고 조사가 제대로 이루어지지 않았거나, 이 사고에서 얻은 교훈을 유사 설비에 적용하지 않았기 때문입니다. 그리고 안전보건공단의 조사에 의하면, 인근의 타 회사에서도 2008년 3월 폐수집수조에서 폭발과 함께 화재사고가 발생했습니다. 아마도 이번 사고를 당한 화학회사도 과거 우리가 겪었던 사고나 인근 회사의 사고와 비슷한 유형일 거라는 생각이 들었습니다. 사고의 재발을 방지하려면 원인을 철저하게 밝혀낸 다음 뿌리를 송두리째 뽑아내야 합니다. 이를 위해 근본원인분석 기법을 사용하기도 하지만, 이 역시 형식적이 되면 아무 소용 없다는 사실이 여러 차례 밝혀졌습니다.

2014년 1월 어느 날, 제2 FCC의 핵심 설비인 이산화탄소보일러 내부를 점검하던 운전원은 배기가스 가운데 질소 저감을 위해 주입하는 암모니아 주입 노즐 부위의 분사 형태가 평소와 다른 것을 발견했습니다. 분사 형태가 변형되었다는 것은 보일러 내부의 튜브에 이상이 생겼음을 의미합니다. 때문에 여러 차례 집중 점검한 결과 튜브에서 스팀이 새고 있다고 결론지었고, 결국 임시보수를 결정하게 되었습니다. 사고는 주입되는 암모니아가 보일러 내부로 충분히 분사되지 못한 채 밑으로 뚝뚝 떨어지면서 튜브를 부식시켰기 때문으로 확인되었습니다.

이와 유사한 사고가 2009년에도 있었지만 당시에는 사고 조사를 하면서 근본적인 대책이 마련되지 않았고, 그나마 보완하고자 했던 사항들도 이런저런 이유로 잘 이행되지 않은 것으로 나타났습니다. 사실 이산화탄소보일러에 암모니아를 주입하는 것은 제2 FCC에만 적용되는 특수한 상황이어서 문제가 더욱 복잡해진 측면도 있었습니다. 그러나 근본적인 해결책을 마련하지 못하고 미봉책으로 끝났기 때문에 동일한 사고가 다시 일어난 것이 문제입니다. 사고 이후 울산시와 협의해서 암모니아 주입을 하지 않아도 되도록 바꾸었고, 앞으로는 동일한 사고가 절대 일어나지 않도록 조치했습니다.

춘추전국 시대에 일어난 일화 가운데 망양보뢰(亡羊補牢)라는 고사성어가 있습니다. 내용인즉슨 초나라 왕이 사치하고 음탕하여 국고를 낭비하는 것에 대해 신하가 충언했지만 왕은 오히려 욕설을 퍼붓고 쫓아버렸습니다. 곧이어 벌어진 전쟁에서 크게 지고 나서야 그 신하의 말이 옳았음을 깨달았습니다. 이미 다른 나라로 떠나버린 신하를 다시 불러 어찌해야 할지 물었더니, 신하가 "양이 달아난 뒤에라도 우리를 고치면 늦지 않습니다"라고 대답한 데서 유래한 말입니다. 즉 실패나 실수를 하더라도 빨리 뉘우치고 잘 수습한다면 늦지 않다는 뜻입니다.

이 말이 세월이 흐르면서 원래의 뜻과는 달리, 일을 그르치고 난 다음에는 후회해도 소용없다는 부정적 의미로 바뀌었다고 합니다. 그래서 '소 잃고 외양간 고친다', '사후약방문' 등과 같이 부정적 의미로 받아들여지고 있습니다. 그러나 이 고사성어의 본래 의미와 관계없이 우리가 새겨야 할 중요한 교훈은, 양이든 소든 잃고 난 다음에는 우리를 확실하게 고쳐야 한다는 것입니다. 만약 우리를 고치지 않거나, 고치더라도 어설프게 고치면 또다시 양이나 소를 잃을 수 있기 때문입니다.

왜 대부분 사고 조사가
실패하는가?

구미 불산 누출사고의 여파로 화학사고 관리 강화

2012년 9월에 발생한 구미 불산 누출사고는 5명이 숨지는 등 인명 피해와 함께 인근 지역에 가축과 농작물 피해가 광범위하게 발생해 화학물질사고에 대한 경각심을 일깨웠습니다. 그리고 화학사고에 대한 대응체계에도 문제점이 드러나 개선 방안에 대한 사회적 논의를 시작하는 계기가 되었습니다.

일전에 발효된 화학물질관리법과 화학물질 평가에 대한 법률이 제정된 것도 이 사고 때문입니다. 2012년 연말경에는 소방방재청과 국내 안전과 관련된 교수들이 주축이 되어 만든 위험물학회가 출범했습니다. 당시 저는 SHE 본부장을 맡고 있었던 터라 위험물학회의 창립발기인으로 참여했고, 산학부회장이라는 감투까지 쓰게 되었습니다.

구미 불산 누출사고의 여파로 화학사고에 대한 관리 강화를 위해 정부 내에서도 많은 논의가 있었습니다. 그리고 정치권도 법 제정 차원에서 관심이 많아 정책토론회가 열렸는데, 이 토론회를 위험물학회가 공동 주관해서 제가 산업계를 대표해 참가하게 되었습니다. 국회에서 열린 정책토론회에는 패널로 참가해 대학교수, 그리고 소방방재청과 환경부의 고위 공무원들과 함께 열띤 토론을 벌였습니다. 화학사고에 대한 관심이 고조되어 있던 시점이라, 주최한 국회의원을 포함해 많은 사람들이 참석해서 방청석이 모자랄 정도였습니다. 처음 패널로 참석해 달라는 부탁을 받았을 때, 기업 입장에서 안전 관련해서는 민감한 사항이 많은 까닭에 고민이 많았습니다. 그래서 기업 입장에서 정부 각 기관의 점검과 관련된 사항 및 우리의 사고 조사와 관련된 사항을 이야기하기로 결정하고 자료를 준비했습니다.

지금도 비슷하지만 안전환경과 관련된 기관의 점검은 일 년 내내 이루어질 뿐만 아니라, 같은 시설물을 대상으로 각기 다른 기관에서 같은 종류의 점검을 받는 일도 많습니다. 통계적으로 보면 연간 200일 이상 점검을 받은 것으로 나타나, 일요일과 공휴일을 제외하면 거의 매일 점검받는 셈이었습니다. 이러한 생산 현장의 애로점을 전하면서, 점검은 당연하지만 유사한 사항은 합동 점검을 해주면 기업 활동에 도움이 되겠다는 취지의 제안을 했습니다. 그리고 사고조사보고서에 대해서도 의견을 제시했는데, CSB로 불리는 미국의 화학사고조사위원회(Chemical Safety and Hazard Investigation Board)의 사고조사보고서와 우리나라의 관련 기관이 발행하는 사고조사보고서를 비교하면서 우리의 문제점에 대해 이야기했습니다. CSB의 사고조사보고서는 조사 기간이

길 뿐 아니라 중간보고를 공개적으로 하고, 사고의 근원적인 문제에 대해 심도 있게 제시한다는 평가를 받고 있습니다. 때문에 우리나라도 이런 수준의 보고서가 나올 수 있도록 여러 제도를 보완해야 한다고 주장했습니다.

BP의 텍사스 정유공장에서 최악의 산업재해 발생

2005년 3월 23일 오후 1시 20분, 미국에 있는 BP의 텍사스 정유공장에서 역사상 최악의 산업재해가 발생하여 폭발과 함께 15명이 사망하고 170여 명이 다쳤습니다. 게다가 인근 지역 주민이 대규모로 대피하는 소동이 벌어졌는데, 이로 인한 피해액만도 15억 달러가 넘어섰습니다. 이성화공정의 정기보수가 끝나고 재가동하는 과정에서 분리탑의 액체 높이가 계속 상승했지만 운전원이 이를 감지하지 못한 것이 사고 원인으로 지목되었습니다. 이런 이유로 압력이 상승하고, 결국 액체가 대기로 뿜어 나오면서 폭발한 사고였습니다.

이후 사고의 중대성 때문에 CSB에 사고조사위원회가 구성되었고, 조사위원장으로 미국 국무장관을 지낸 제임스 베이커(James Baker)가 임명되어 이 사고보고서는 '베이커 보고서'로도 불립니다. 대부분의 나라는 중대한 사고라도 사고조사보고서가 길어야 수십 페이지 정도지만, 이 보고서는 340페이지에 이르는 방대한 내용으로 구성되어 있습니다. 사고 원인을 조사하는 과정에서 기계적 결함에 대한 것은 물론이고 영국에 있는 BP 본사에 대해서도 광범위한 조사가 이루어졌습니다.

이 보고서의 서두는 "이 사고는 BP 전체의 총체적인 안전관리 결함에 기인한다"라고 시작할 정도로 광범위하게 조사되었습니다. 그러면서 NASA의 우주왕복선 콜롬비아호 폭발사고 조사보고서에서 언급한 내용을 그대로 인용했는데, 그 내용은 다음과 같습니다.

'많은 사고조사보고서는 사고 원인을 규명하는 데 같은 실수를 되풀이한다. 그것은 사고를 낸 설비, 사고와 직접 관련된 사람, 결정을 잘못 내린 관리자 등 사고 자체와 직접적인 연관이 있는 부분만 원인으로 생각하기 때문이다. 이렇게 되면 기술적 결함을 보완하거나 개인에 대한 책임을 묻는 것만으로 해결책을 마련하게 되고, 이것은 근본적인 문제 해결을 오도하게 만든다.'

BP의 사고도 단순하게 평가하면 레벨 게이지 오작동, 운전원의 실수, 현장 감독자의 실수 등으로 결론 내릴 수 있습니다. 그래서 더 큰 사고를 예방하기 위해 조직문화, 인사관리 상태 등 근본적인 것을 조사했다고 보고서에 쓰여 있습니다. 조사 결과 BP는 안전에 대한 잘못된 핵심성과지표(KPI, Key Performance Indicator)를 가지고 있었기 때문에 인명사고를 줄이는 데만 관심을 쏟았습니다. 그 결과 공정안전관리 상태가 매우 부실했고, 전반적으로 안전문화에 많은 문제가 있었음을 지적했습니다. 또한 아모코와의 합병(실제 이 공장은 BP와 합병되기 전에는 아모코사가 운영했음) 후 비용절감에만 주력하느라 안전에 대한 투자를 하지 않았을 뿐만 아니라, 운전원 교육 상태도 매우 불량했다고 강조했습니다. 결론적으로 이 사고는 관련된 몇몇 사람의 실수가 아니라 회사 전반에 걸쳐 있는 문제가 복합적으로 작용했다고 지적했습니다.

미국 CSB가 부러운 것은 전문가들로 구성된 독립 기관이 장기간에 걸친 조사를 통해 근본적인 개선을 이룰 수 있는 보고서를 만들어낸다는 사실입니다. 그리고 이 모든 것을 누구라도 볼 수 있게 투명하게 공개한다는 것입니다. 많은 안전 전문가들과 이야기를 나누어보면 우리나라가 미국처럼 투명하게 체계적으로 운영하기는 거의 불가능하다는 것이 중론입니다. 왜냐하면 관계기관 사이에도 수많은 문제들이 얽혀 있어, 누구도 쉽게 명백한 결론을 내리기 어려운 현실이기 때문입니다.

우리의 사고보고서도 과거와 다르게 많은 인력과 시간을 투입해 근본 원인을 찾으려는 노력을 몇 년 전부터 하고 있습니다. 그래서 완성도가 많이 높아졌습니다. 물론 투입되는 시간이 많아서 사고 조사 담당자들이 훨씬 힘들어졌지만 그 이상의 효과를 만들어내고 있다고 자신합니다. 그리고 굳이 아쉬운 점을 토로하자면, 사고보고서에서 조그마한 결함들이 가끔씩 드러난다는 것입니다. 사고의 점검과 원인 조사는 열심히 했지만 정작 사고보고서에는 빠진다든가, 사고 대책이 제대로 수립되거나 실행되지 않아 나중에 유사한 사고가 재발하는 일도 간혹 있습니다.

전대미문의 텍사스 정유공장 사고 이후 BP는 과연 얼마나 개선되었을까요? 아쉽게도 BP는 이후에도 멕시코 만에서 최악의 원유유출사고를 내서 더 큰 어려움을 겪었습니다. BP는 우리에게 많은 교훈을 주고 있습니다.

사고를 막는
지행합일의 정신

비슷한 내용의 책을 굳이 찾아서 읽는 이유

얼마 전 고등학교 동창 두 명이 비슷한 시기에 책을 한 권씩 출간했다는 소식을 듣고, 인터넷서점을 통해 책의 내용을 살펴보았습니다. 현직 교수로 있으면서 신문에 자주 기명칼럼을 쓰는 친구의 책은 우리나라 유행가 제목을 주제로, 그 노래가 유행하던 시대의 사회상을 자신의 경험과 엮어서 썼습니다. 그리고 대기업에서 상무로 근무하다가 몇 년 전 퇴직한 다른 친구는 자신의 직장 생활 경험을 중심으로 후배 직장인들에게 조언하는 내용의 책을 썼습니다. 전자는 감성적인 내용으로 머리를 식힐 수 있는 내용의 책인 반면 후자는 소위 말하는 자기계발서입니다. 사실 자기계발서라는 것이 대부분 비슷한 인생 교훈이나 처세술을 다루고 있음에도 불구하고 새로운 책이 끊임없이 출간되고 있습니다.

"왜 남과 비교합니까? 당신은 이미 유일한 존재입니다."
"시간은 돈처럼 모을 수 없습니다."
"꿈을 찾지 마세요. 꿈을 만드세요."
"당신이 만나는 사람들이 당신이 사는 세상입니다."
"내가 한 말에 책임을 질 수 있어야 어른입니다."
"나를 알아야 내가 가고 싶은 길을 알 수 있습니다."
"모두가 가졌다고 해도 꼭 나에게도 필요한 것은 아닙니다."

가장 최근에 읽었던 자기계발서 부류의 책에서 인용한 글입니다. 평균 한 달에 한 권 정도는 자기계발과 관련된 책을 읽었는데, 그런 책을 읽는 모습을 본 둘째 녀석이 "뻔한 내용의 책을 왜 읽는지 모르겠어요"라며 지나가는 말투로 슬쩍 핀잔을 줍니다. 한 권만 읽으면 될 텐데 비슷한 종류의 책을 왜 다시 읽느냐는 일리(?) 있는 지적입니다. 둘째 녀석은 제가 읽고 자기 방에 갖다 놓은 자기계발서 종류의 책을 도로 가져가라고 합니다. 나중에 책장이 모자라면 버리겠다고 협박(?)까지 하는 녀석에게 이렇게 변명하듯이 대답했습니다.

"네 말처럼 다 비슷한 내용인데도 굳이 찾아서 읽는 이유가 있다. 책이라는 게 읽은 다음에 돌아서면 잊어버리는데, 그래도 읽는 순간은 뭔가 얻는 게 있다. 자꾸 실행도 하기 전에 잊어버려서, 조금이라도 기억에 남기려고 내용이 비슷하지만 읽는다."

어렵게 연락이 닿은 고등학교 친구들과 만나기로 약속했는데, 갑작스럽게 한 친구가 집에 일이 생겨 못 나온다고 연락이 왔습니다. 무슨 일인지 궁금해하다가 이후 만났을 때 물어보니, 아내가 자전거를 타고 가다가 승용차와 충돌하는 바람에 크게 다쳤다는 것입니다. 골목길과 큰길이 만나는 지점에서 큰길을 따라 가던 자전거가 골목길에서 갑자기 튀어나온 차에 부딪힌 사고였습니다. 시야가 충분히 확보되지 않는 교차로에서는 반드시 일단정지를 해야 하는데, 운전자가 그냥 빠져나오다가 지나가는 자전거를 발견하지 못한 탓이었습니다.

오래전 일요일 저녁 방송에서 '정지선 지키기' 캠페인을 오락 프로그램으로 만들어 방영한 적이 있습니다. 당시만 하더라도 횡단보도 앞의 정지선에서 멈추는 차가 거의 없을 정도여서, 프로그램을 진행하던 이경규 씨가 많이 안타까워했던 모습이 생각납니다. 차는 횡단보도 앞의 정지선에서 멈춰야 하고, 교차로에서는 무조건 일단정지해야 한다는 것을 운전하는 사람은 다 아는 사실(운전면허 시험을 볼 때 정지선을 지키지 않거나 교차로에서 일단정지하지 않으면 실격되었습니다)인데도 현실에서는 제대로 지켜지지 않는 것입니다.

대구 지하철 화재사고에서 교훈 얻은 일본의 신칸센

2003년 2월 발생한 대구 지하철 화재사고는 엄청난 충격을 주었습니다. 달리는 지하철에서 방화로 일어난 화재라는 점에서, 그리고 200명에 가까운 승객이 목숨을 잃었다는 점에서 우리 사회는 큰 충격에 휩싸였습니다. 사고에 대비하는 우리 사회의 각종 시스템이 너무나 부실

했고, 또 지하철이 화재에 취약한 구조여서 더욱 피해를 키웠다는 사실이 우리 모두에게 뼈아픈 자책감을 안겨주었습니다.

얼마 전 일본의 신칸센에서 대구 지하철 사고와 유사한 일이 벌어졌습니다. 한 승객이 달리는 신칸센 열차 내에서 기름을 뿌리고 불을 지른 뒤 자신도 분신자살을 시도한 것입니다. 객차에 큰불이 났지만 사망자는 불을 지른 사람 외에 한 명에 그쳤고, 불도 다른 차량으로 번지지 않아 큰 피해가 없었다고 합니다. 이렇게 피해를 최소화할 수 있었던 비결은 무엇일까요? 바로 대구 지하철 화재사고 소식을 접한 다음 열차 내 화재사고에 대한 매뉴얼을 재정비하고 방화 시스템도 개선한 덕분이라고 합니다.

이웃 나라의 사고를 보고 거기서 얻은 교훈을 바로 자신의 문제를 개선하는 데 활용했을 뿐 아니라 열차 승무원들도 평소 훈련한 대로 매뉴얼에 따라 대응한 것이었습니다. 그럼에도 불구하고 일본 정부와 언론들은 이번 사고로 승객 한 명이 질식사했고, 열차 내 인화성물질 반입을 제대로 통제하지 못했다고 문제점을 지적했습니다. 이번 사건을 계기로 열차와 지하철의 사고 방지 시스템을 개선하고, 또 사고가 났을 때 연기로 인한 질식을 방지할 수 있는 설비를 갖추어야 한다고 주문했습니다.

얼마 전부터 사고로부터 배우는 교훈 사례를 지속적으로 발굴하여 사고 예방에 많은 도움을 주고 있습니다. 또한 생산 현장에서도 과거에 일어났던 사고를 다시 한 번 점검하는 일을 정기적으로 실시하고 있습니다. 이처럼 예전의 사고에서 얻는 교훈을 공유하고, 현재의 관점에서 부족한 부분이 없는지 살펴보는 것은 사고를 예방하는 데 필수적인 사항입니다.

그러나 무엇보다 중요한 것은 아는 것을 실천하는 일입니다. 제가 비슷한 내용의 자기계발서를 계속 읽는 것도, 책을 읽고 이런저런 결심을 해도 시간이 지나면 실천력이 떨어지기 때문인지도 모릅니다. 운전면허 시험에서는 교차로와 정지선 앞에서 멈추기를 그렇게 잘했지만, 시간이 지나면서 준법정신이 점점 희미해지는 탓일 것입니다. 신칸센 사고의 피해를 최소화한 일본처럼 우리도 다른 나라의 유사한 사고를 보고 즉시 개선하고, 지속적으로 실천하도록 노력해야 할 것입니다. 과거의 사고에서 얻은 교훈이 의미를 가지려면 제대로 실천하는 길밖에 없습니다.

중국 명나라 철학자 양명은 지행합일(知行合一) 사상을 주창했습니다. 알고도 행하지 않는 것은 진정으로 안다고 할 수 없다는 뜻입니다. 양명은 지행합일의 전제 조건으로 사욕을 배제해야 한다고 했습니다. 이는 순간의 편안함을 위해 아는 것을 지키지 않는 것과 다를 바가 없습니다. 지금 우리에게 지행합일의 정신이 필요한 시점입니다.

허드슨 강의 기적과
셀렌버그 기장

기억과 망각의 사이에서는 어떤 일이 일어나는가?

   나이가 들어가면서 나타나는 여러 가지 현상 중 가장 당혹스러운 것은 기억력 감퇴입니다. 어떤 때는 어제 했던 일들이 기억나지 않는가 하면, 물건을 어디에 두었는지 찾지 못하는 일도 허다합니다. 휴대폰을 집에 놔두고 출근하다가 다시 돌아가 가져오는 일도 심심하면 한 번씩 일어나곤 합니다.

   최근에 있었던 황당한 일은 양복에 관한 일입니다. 갑작스러운 대외 일정에 대비해 사무실 옷장에 깨끗한 양복 한 벌과 셔츠를 항상 보관하고 있습니다. 울산 집에도 최소한 한 벌 준비해두고, 나머지는 서울의 본가에 보관합니다. 특별한 일이 없는 한 보통 때는 이른바 콤비를 입는데, 어느 날 문득 집의 옷장에 양복이 없는 것을 발견했습니다. 항상 옷장의 같은 위치에 걸어두는데 말입니다. 그때부터 집 안을 모두 샅샅이 뒤졌지만 보이지 않았습니다.

언젠가 서울 출장 가면서 집에서 출발할 때부터 양복을 입고 갔을 거라는 결론을 내린 채, 서울 집에 전화해서 양복을 찾아보라고 했습니다. 그러나 없다는 대답이 돌아왔습니다. 얼마 후 서울 집에 들렀을 때 집 안의 옷장을 샅샅이 뒤졌지만 양복은 없었습니다.

잃어버렸다고 생각하고 지내던 어느 날, 대외 일정이 생겨 양복으로 갈아입으려고 사무실의 옷장을 열었는데 거기 양복 두 벌이 있었습니다. 가만히 생각해보니 집에서 양복을 입고 서울에 갔고, 돌아올 때는 양복을 케이스에 넣은 채 다른 양복을 입고 울산으로 내려온 것이었습니다. 그러고는 바로 사무실에 와서 양복을 사무실 옷장에 넣어두고 잊어버렸습니다.

기억력과 관련된 또 하나의 일화는 초등학교 때 같은 반 친구와 관련된 기억입니다. 5학년이 되면서 학교에서 거의 매주 시험을 쳤는데, 암기할 것이 많은 사회나 자연 때문에 공부하는 게 힘들었습니다. 다른 친구들은 모두 외우느라 힘들어했는데 한 친구만은 예외였습니다.

그 친구는 시험 치기 전에 반드시 교과서를 덮은 채 책에 있는 내용을 소리 내어 읽으면서 복습하곤 했습니다. 시험 범위에 있는 내용을 순서대로 토씨 하나 틀리지 않고 줄줄 외워 친구들이 모두 놀라워했습니다.

도대체 얼마나 공부하면 교과서를 저렇게 외울 수 있는지 신기하기까지 했습니다. 그런데 더욱 놀라운 것은 시험 결과였습니다. 책을 달달 외우는데도 불구하고 그 친구의 성적은 신통치 않았기 때문입니다.

무슨 까닭인지 매우 궁금했지만 물어볼 수는 없어서 어릴 적 친구들은 이 친구의 기억력을 화제로 삼을 뿐이었습니다.

지금도 마찬가지지만 개인용 컴퓨터가 처음 보급되었을 때 가장 힘들었던 것은 타자가 미숙한 것이었습니다. 그래서 독수리 타법이라는 신조어도 생기고, 컴퓨터 보급 초기에는 '한메타자교실'이라는 자판 익히는 프로그램까지 있었습니다. 단어가 화면에 나오면 사라지기 전에 자판으로 입력해야 하는 프로그램이었는데, 한동안 시간이 날 때마다 연습했던 기억이 납니다.

자판을 사용하면서 왜 영어든 한글이든 알파벳 순서나 가나다라 순서가 아니라 아무 연관도 없는 Q W E R T⋯ , ㅂ ㅈ ㄷ ㄱ⋯ 순으로 배열해놓았는지 이해가 되지 않았습니다. 초보자들 골탕 먹이려고 만든 것은 아닌지 의심했고, A B C D⋯ 순으로 배열해서 만든다면 히트할 거라고 상상도 했습니다. 저뿐 아니라 사실 많은 사람들이 타자기나 PC 자판의 문자 배열에 대해 불만을 가졌고, 실제 A B C D⋯ 순으로 만든 타자기가 출시되었다고도 합니다.

1800년대 후반에 미국에서 처음 발명된 타자기는 기계식으로 만들어져 있어서, 자판을 너무 빨리 치면 활자들이 서로 엉킬 위험이 있기 때문에, 자주 사용하는 문자를 일부러 손가락이 쉽게 닿지 않는 곳에 배치했다는 설이 있습니다. 또한 A B C D⋯ 순서로 만든 타자기는 사람들이 기존 타자기에 너무 익숙해진 상태라 시장에서 오히려 외면받았다고도 합니다.

수많은 연습과 훈련이 필요한 절차적 기억

2009년 1월 15일, 뉴욕 라과디아공항을 이륙한 에어버스 비행기가 이륙하자마자 기러기 떼가 충돌해 엔진 2개가 꺼지고 1개에는 불이 붙었습니다. 기장 셀렌버그는 재빨리 3페이지에 달하는 비상착륙 체크리스트를 훑어보고는 뉴욕을 관통하는 허드슨 강에 수상착륙 방식으로 비상착륙하기로 결정했습니다. 그는 매뉴얼대로 승객들에게 두 팔로 의자를 단단히 잡으라고 방송하고 기내의 모든 조치를 취한 다음, 기적과 같이 강물 위에 착륙하는 데 성공했습니다. 이른바 '허드슨 강의 기적'이라 불리는 사건인데, 세월호 사고 때 많이 회자되었던 사례입니다.

항공 전문가들은 승객 155명을 태운 비행기가 물 위에 착륙하고도 아무런 손상을 입지 않은 것을 보고 놀란 입을 다물지 못했습니다. 일반적으로는 지상에 비상착륙하는 것보다 물 위에 비상착륙하는 것이 훨씬 더 위험하기 때문입니다. 더 놀라운 것은 사고 조사를 하면서 밝혀진 기장의 사고 당시 대응 능력이었습니다. 결국 숱한 비행 훈련으로 익힌 기억력을 기반으로 비상 상황에서도 침착하고 노련하게 대응한 것이 대형사고를 피하는 기적을 만들었다고 해석할 수밖에 없습니다.

뇌과학자들에 따르면, 기억에는 초단기 기억과 작용 기억, 장기 기억이 있습니다. 초단기 기억은 0.2~0.5초 만에 사라지는 감각적인 기억이고, 이런 감각 기억들 가운데 의미를 부여받고 중요하게 여겨진 것은 작용 기억으로 넘어갑니다. 이 역시 용량이 한정되어 있으므로 도달한 정보를 아주 단기간만 기억하고, 그런 정보 가운데 일부가 장기 기억으로 넘어간다고 합니다.

장기 기억이 우리가 말하는 기억력의 대부분을 차지하는데, 이것은 두 종류로 구분할 수 있습니다. 하나는 무엇인가를 설명할 수 있는 기억인 선언적 기억입니다. 살아오면서 기억하는 여러 가지 일화나, 개인이 사진처럼 간직하고 있는 의미 있는 기억이 그것입니다. 좋은 것이든 나쁜 것이든 과거의 추억이나 의미 있었던 일로 기억하는 것들이 여기에 속합니다.

또 하나의 장기 기억은 절차적 기억으로, 특정 과제를 처리하는 능력과 관련됩니다. 자전거를 배워서 타는 것, 악기를 연주하는 것, 타자를 치는 것, 그리고 일을 하는 것 등이 여기에 속합니다. 이것은 수많은 연습과 훈련을 필요로 합니다. 악기를 잘 연주하려면 숱한 반복 훈련이 필요합니다. 유명한 음악가들은 같은 곡을 일반인들이 상상할 수 없을 만큼 반복해서 훈련한다고 합니다. 그래서 기억에 의존해 연주하는 것 같지만, 실제로는 거의 무의식적으로 연주한다고 합니다. 소위 달인이 되는 거지요.

양복을 어디에 놔두었는지 기억 못 하는 것은 선언적 기억력이 떨어진 탓이고, 기억력이 뛰어났던 초등학교 친구의 경우는 아마도 다른 장애(기억력만 비상한 장애)가 있었을지 모른다는 생각이 듭니다. 셀렌버그 기장은 수많은 훈련을 통해 만든 뛰어난 절차적 기억과 경험을 합해서 허드슨 강의 기적을 만든 것입니다.

화학물질관리법이 발효되면서 각 팀별로 화학물질 누출에 대비한 비상대응 훈련을 하고 있습니다. 또한 전사적으로 비상대응 규정이 보완

되어 울산공장의 비상대응 절차도 보완하는 중입니다. 왜 실전 같은 훈련이 필요한지를 뇌과학자들이 이론적으로 설명해주었습니다. 절차를 제대로 만드는 것도 중요하지만, 이를 제대로 실천할 수 있도록 온몸으로 익히는 것이 더 중요합니다. 그냥 읽고 외우는 것은 선언적 기억으로만 남으므로, 기억력이 쇠퇴하면 잊어버립니다. 그러나 반복 훈련을 통해 절차적 기억으로 바뀌어 달인의 수준이 되면, 실제 어떤 상황이 일어나도 무의식적으로 대응할 수 있게 되는 것입니다.

군자는 나의 탓,
소인은 남의 탓

1990년대 초 천주교계에서 '내 탓이오' 캠페인을 벌이면서 신도들이 차에 '내 탓이오' 스티커를 붙이고 다녀 사회적인 운동으로 퍼져나간 적이 있었습니다. 1987년 6.29 선언 이후, 우리 사회는 민주화의 혼란에 빠지고 그동안 억눌렸던 개인적 욕구가 분출하면서 여러 가지 갈등이 드러났습니다. 이런 국면에서 갈등의 원인을 다른 곳에서 찾지 말고 나에게서 찾자는 캠페인이었던 것입니다. 당시 김수환 추기경이 어느 신문사와 인터뷰하면서 밝힌 내용의 일부입니다.

"차를 타고 다니며 느끼는 것은 서로 양보를 하지 않아 교통질서가 마비된다는 점입니다. 이 같은 이기주의, 남을 생각할 줄 모르는 민주 시민의식의 결여가 다른 생활 부문에도 똑같은 현상을 불러오고 있습니다. '내 탓이오'는 사회의 모든 부정적인 현상에 대해 시민 각자가 나의 탓으로 알자는 것이지요. 이것은 우선적으로 정치인과 각 분야의 사회 지도층이 각자 나누어야 할 책임입니다."

　이런 논의가 시작된 지 20년이 넘었지만 아직도 우리 사회 곳곳에는 남 탓하는 문화가 여전하다는 느낌을 지울 수가 없습니다. 최근 발생한 여러 사고의 수습 과정을 지켜보면서 답답해하는 것은 저만의 소회가 아닐 것입니다. 지난 사고에서 전혀 교훈을 얻지 못한다는 사실, 그리고 여전히 우리 사회에 팽배해 있는 개인주의와 배금주의 같은 부정적 현상, 그러면서도 내가 아닌 남의 탓으로만 돌리는 잘못된 풍조는 우리 사회에 드리워진 짙은 그늘입니다. 이런 사회적 그늘을 하나씩 걷어내는 일이야말로 선진 사회로 나아가는 올바른 길이라고 생각합니다.

업무에 무한책임을 지는 리더의 솔선수범

　얼마 전 지인의 초대로 부산에 있는 동명대학교 설동근 총장님과 식사를 같이 할 기회가 있었습니다. 사실 만나기 전만 하더라도 설 총장님을 잘 모른다고 생각했는데, 식사 중에 말씀을 듣다 보니 제겐 아주 익숙한 분이었습니다. 예전에 신문 기사에서 설 총장님의 이야기를 감명 깊게 읽었기 때문입니다.

　설 총장님은 부산 시민이라면 누구나 알고 있을 만큼 입지전적인 인물로 유명합니다. 마산 출신으로 부산교대를 졸업한 후 초등학교 교사로 재직하다가, 돈을 벌기 위해 외항 선원이 되었습니다. 그리고 오랜 외항 선원 생활로 모은 돈을 바탕으로 선박회사를 설립해 성공적으로 운영했습니다.

그러다가 교육자치제가 실시되면서, 교육에 관심이 많았던 설 총장님은 부산시 교육위원으로 선출되어 교육계로 돌아왔습니다. 교육감 선거가 간선제(교육위원들의 선거로 교육감을 선출)이던 시절 부산시 교육감에 당선되어 두 차례 연임했고, 직선제로 전환된 이후 다시 출마하여 당선되는 등 3차례나 부산시 교육감을 역임했습니다.

제가 이분을 익숙하게 느낀 것은 교육감 당선 직후 '부산발 교육혁명을 주시한다'라는 제목의 신문 기사를 본 기억이 생생했기 때문입니다. 물론 이후 노무현 정부에서 교육혁신위원장을 지냈고, 이명박 정부에서는 교육부 차관으로 발탁되는 과정도 유심히 지켜보았습니다.

식사를 하는 동안 들려준 이야기는 "리더는 어떤 사람이어야 하는가?"라는 질문에 대한 정답과 같았습니다. 한마디로 간추리면, 리더는 자기가 맡은 모든 일에 대해 책임질 수 있어야 한다는 것이었습니다.

그러고는 자신이 교육감으로 근무하던 시절, 교육청 직원들이 야유회 가던 중 교통사고가 나서 수많은 사상자가 발생한 이야기를 들려주었습니다. 당시 연락을 받자마자 병원으로 달려가 사고 수습을 지휘하면서, 유족들의 항의 등 험한 소리도 마다하지 않고 진심으로 다 들어주었답니다. 모두 자신의 부덕이라 여기고, 유족의 입장에서 장례를 마칠 때까지 같이 슬퍼하면서 최선을 다해 끝까지 마무리했습니다. 장례가 끝난 후에는 오히려 유족들이 자신을 위로해주었다는 이야기를 들려주었습니다.

교통사고 자체는 교육감이 책임져야 할 일이 아닐지 모르지만, 조직의 리더로서 직원에 대해서는 무한한 책임감을 느껴야 한다고 했습니다. 현재 몸담고 있는 대학에서도 교수님들에게, 학생들에 대한 무한한 책임감을 가지라고 주문한다고 합니다. 학생들이 잘못되는 것은 자신을 비롯한 교수들이 제대로 하지 못했기 때문이라고 생각한다고 했습니다. 결국 모든 것은 '내 탓'이라고 강조한 말씀입니다.

　설 총장님의 이야기를 들으면서 왜 이분이 전국적인 주목을 받았고, 또 정치적 성향과 관계없이 두 개의 정부에서 요직을 맡게 되었는지 알게 되었습니다. 그것은 바로 리더로서 보여준 강한 책임감이었습니다. 자신이 맡고 있는 조직에서 생기는 문제는 자신이 무한책임을 지겠다는 자세를 갖추고 행동으로 보여주었기 때문에 그의 진정성을 조직 구성원들이 믿고 자발적인 지지를 보낸 것이라고 생각됩니다. 지금도 총장으로서 학교에 출근하면 우선 학교 안을 돌아다니면서 학생들이 버린 담배꽁초를 줍고, 오가면서 만나는 학생들에게 먼저 다가가 대화를 나누는 것으로 하루를 시작한다고 합니다.

　현장 생활을 하는 동안 느끼는 것은, 우리에게 문제가 생기면 남의 탓을 하는 버릇이 일상화되어 있다는 것입니다. 특히 사고가 나면 나의 문제보다 남의 문제에 더 관심을 가지려고 합니다. 외부 기관이 점검할 때 무엇이든 잘못을 지적하면 우리의 문제가 무엇인지를 찾기보다, 법이 잘못되었다든가 아니면 점검하러 온 사람의 태도까지 들먹이며 불평하기도 합니다.

　이런 문화는 결국 우리의 안전 수준을 개선하는 데 큰 걸림돌이었다는 것을 다시 한 번 깨달았습니다. 잘못을 지적받아도 나의 잘못이라고 생각하지 않는 자세야말로 모든 안전 문제의 근원이라고 생각합니다. 이런 문제를 해결하는 방법 가운데 하나는 바로 리더들부터 자신의 업무에 무한책임을 지는 솔선수범을 보여주는 것입니다.

2,500년 전 공자도 《논어》에서 리더의 책임감에 대해 이렇게 말했습니다.

'군자는 모든 일을 자기 책임으로 여기지만, 소인은 잘못되거나 나쁜 일은 남의 탓으로 돌린다.(君子求諸己 小人求諸人 군자구제기 소인구제인)'

멍 때리다 사고 치는
사람들

'멍 때리다'라는 신조어를 들어보셨나요?

"멍 때리다"라는 신조어를 들어보셨나요? 대학생인 아들이 제 친구들과 전화 통화하는 걸 우연히 들었는데, "어제 하루 종일 멍 때렸다"라는 표현을 쓰기에 무슨 뜻인지 궁금했습니다. 인터넷에서 검색해보니 '정신이 나간 것처럼 아무 반응이 없는 상태, 즉 넋 나간 상태를 지칭하는 신조어'라고 설명되어 있었습니다.

요즘 세대가 만들어낸 말이지만 멍 때리는 일은 나이와 관계없이 누구라도 평상시에 쉽게 경험하는 일입니다. 특히 혼자 있는 시간에 무엇인가 하지 않으면 말 그대로 멍 때리게 되는 경우도 많을 것입니다. 머릿속이 하얗게 비어 있는 상태에서는 눈을 뜨고는 있지만 눈앞에 있는 어떤 것도 보이지 않습니다. 또한 한 가지에 너무 집중하면 눈앞에 펼쳐지는 다른 광경이 눈에 들어오지 않는다는 것이 실험으로 밝혀지기도 했습니다.

2009년, 경기도 안성 인근에서 두 달간 합숙 교육을 받게 되었습니다. 금요일 오후 그 주의 교육이 끝나면 서울의 집으로 돌아왔다가, 월요일 일찍 다시 안성으로 가는 생활이 계속되었습니다. 서울에서 안성으로 가려면 경부고속도로와 영동고속도로를 거쳐야 했는데, 영동고속도로에 올라 용인을 지나면 양지터널이 나옵니다. 당시만 해도 도로가 확장되기 전이라 정체가 심한 터널 입구부터 차가 밀리기 시작했습니다.

어느 월요일 새벽, 여느 때와 같이 안성으로 가기 위해 경부고속도로를 거쳐 영동고속도로에 진입해서도 차량 흐름이 아주 좋아 상쾌한 기분으로 운전대를 잡았습니다. 상습 정체 구간인 양지터널 근처에 와서도 차량의 정체 현상이 거의 없이 터널로 진입했습니다. 아니나 다를까 터널로 들어서는 순간 차량 정체가 시작되었고, 서서히 브레이크를 밟아서 속도를 늦추면서 차를 멈추었습니다.

그런데 무심코 백미러를 보니 뒤따라오는 SUV 차량이 속도를 줄이지 않고 그냥 달려오는 것 아닙니까? 순간적으로 추돌당할 것 같아 브레이크 페달을 꽉 밟은 채, 뒤에서 오는 차가 제발 멈추기를 기원했지만 '쾅' 하고 부딪히는 소리와 함께 몸이 휘청거렸습니다. 순간적으로 멍해졌지만 곧장 차에서 내려 뒤로 가서 차 상태를 살펴보았습니다. 그런데 뒤차 운전자가 다가오더니 "갑자기 서면 어떻게 합니까?" 하고 도리어 화를 내는 것이었습니다. 어이가 없어서 "앞에 차가 밀려 있는 것 안 보여요? 차들이 주차장처럼 서 있잖아요"라고 말하니 그는 겸연쩍은 표정을 지으며 가만히 서 있었습니다. 차의 트렁크가 움푹 들어갈 만큼 충격이 컸지만 다행히 운전은 가능한 상태라서 차를 터널 바깥으로 옮겼습니다.

나중에 보험회사 직원에게 사고 당시의 상황을 설명하는데, 뒤에서 추돌한 사람은 제 차를 보지 못했다는 겁니다. 그가 당시 졸음운전을 한 것도 아닌데, 왜 차량이 정체되어 있는 터널 안에서 앞차를 보지 못한 것일까요?

얼마 전에 만난 SK케미칼 울산 공장장도 바로 전날 퇴근길에 교통사고를 당해 차 범퍼가 완전히 망가졌다고 했습니다. 사연인즉슨 전담 기사가 신호 대기 중인 차를 미처 보지 못하고 급하게 브레이크를 밟으면서 앞차를 살짝 받았답니다. 그런데 뒤따라오던 차가 뒤에서 더 세게 추돌하는 바람에 앞뒤 범퍼가 동시에 파손되었다고 합니다. 전문 기사인데도 서 있는 차를 추돌하다니, 눈은 앞을 보고 있었지만 딴생각을 하고 있었던 것이 분명합니다.

멍 때리거나 딴생각을 하지 않도록 관리해야

2005년 미국 텍사스 주에 위치한 BP의 정유공장에서 일어난 최악의 폭발사고도 정기보수 후 재가동하는 과정에서 발생했습니다. 이 사고의 원인으로 여러 가지를 지적하지만, 그 가운데 주목해야 할 원인으로는 근무자가 눈앞에 일어난 문제를 보지 못했다는 사실을 꼽을 수 있습니다. 증류탑의 액체가 비정상적으로 높다는 경고가 조정실에 계속 나타났으나, 공정을 감시하는 조정실 운전자가 즉각적으로 조치하지 않았다고 합니다. 사고 조사 과정에서 근무자는 당시 경고를 전혀 인식하지 못했다고 합니다. 눈앞에 있는 계기판에 경고등이 들어왔는데 왜 보지 못한 것일까요? 아마도 멍 때리는 상태였거나, 다른 생각에 빠져 있었던 게 아닐까요?

얼마 전 어떤 모임에 참석했다가, 2014년 설날에 일어났던 여수 우이산호 사건이 화제에 올랐습니다. 많은 사람들이 경력이 오래된 도선사가 왜 규정된 속도보다 3배나 빠르게 배를 운항했는지 궁금해했습니다. 참석한 울산항 도선사회 회장에게 그 이유를 물어보았습니다. 그분 자신도 도무지 이해할 수 없는 사고가 일어났다면서, 사고를 일으킨 도선사는 금년이 정년인데 안타깝다는 이야기만 했습니다.

어떤 사람은 그날이 설날이라 조금이라도 빨리 접안을 마치고 집에 가려는 조급한 마음에 실수한 것이 아니냐고 추측하기도 했지만 본인 외에는 알 수 없는 노릇입니다. 그러나 도선사가 정상적인 상태였다면 그 속도로는 접안이 불가능함을 잘 알고 있었을 것입니다. 그런데도 속도를 줄이지 않은 것은 멍 때리는 상태였거나 다른 생각에 빠져 있었던 것이 틀림없다고 추측해봅니다.

공장이 점점 자동화되면서 과거에 현장에서 하던 일들 중 많은 부분이 조정실 근무자들에게 넘어왔습니다. 소위 보드맨이라고 부르는 조정실 근무자들은 근무 내내 신경을 집중해야 합니다. 거의 모든 계기가 보드에서 관찰하고 조절이 가능하도록 현대화되면서, 근무자들의 집중도가 점점 더 심해지는 것 같습니다. 근무자들이 보드에 앉아 모니터를 보고 있더라도 멍 때리는 상태이거나 다른 생각에 빠지면 BP사의 텍사스 정유공장 같은 사고가 언제든지 일어날 수 있습니다. 그래서 현장 근무자들 사이에서는 '보드맨' 기피 현상이 나타나고 있고, 이를 어떻게 해결할 것인가에 대해 오랫동안 논의해왔지만 아직까지 뚜렷한 해결 방안을 찾지 못하고 있습니다.

이 문제는 대규모 장치산업에 공통되는 현상이라 해결을 위해 계속 고민하겠지만, 그 사이라도 '보드맨'들의 근무 집중도가 떨어지지 않도록 각별한 주의와 관심이 필요한 상황입니다. 예를 들어 연속적인 연장근무가 생기지 않도록 조절해주어야 하고, 관리 감독자들이 자주 그들과 함께 모니터를 보면서 운전에 대해 토의하는 등 세심하게 배려해야 합니다. 멍 때리거나 다른 생각에 빠질 기회를 없앨 수 있는 제도적인 방안을 하나씩 차근차근 준비해야 할 시점입니다.

사고는 있는데
원인은 없다?

원인조차 밝히지 못하는 많은 사고들

　1990년 12월의 어느 날이었습니다. 정유공장의 기술과장으로 일하고 있던 시절, 회사의 가장 중요한 프로젝트 가운데 하나였던 신설 정유공장이 드디어 가동을 시작했습니다. 오후까지 퇴근도 하지 않고 가동이 특별한 문제 없이 진행되는 것을 보다가 저녁 무렵 집으로 돌아갔습니다.

　집에서 늦은 저녁을 먹고 있는데 전화벨이 울렸습니다. 현장에 있지 않았던 터라 전화 올 일이 별로 없었고, 전화가 오더라도 회사 일인 경우는 거의 없었습니다. 누구 전화인지 궁금해하면서 받았더니 정유1과 장님의 전화였습니다. 수화기를 귀에다 대자마자 "지금 신설 정유공장에 불이 났습니다. 큰불이 났어요. 빨리 들어오세요"라고 다급한 목소리로 말하고는 바로 끊어버리는 것이었습니다. 가슴이 철렁 내려앉았습니다.

당시 회사에서 멀리 떨어진 사택에 사는 데다 차도 없어서 어떻게 가야 할지 몰라 발만 동동 구를 뿐이었습니다. 그러는 동안 언뜻 사택 안에 있는 비상종이 생각나서 망치로 비상종을 세게 두드리며 "공장에 불이 났습니다"라고 외쳤지만 어찌 된 일인지 아무도 밖을 내다보지 않았습니다. 어쩔 수 없이 급한 마음에 혼자서 큰길로 달려 나가 택시를 타고 회사로 향했습니다.

현재 장생포역 옆의 부지에 임시로 지어놓은 가건물에 있는 사무실로 달려갔더니, 당시 부장님이 연신 담배를 피우면서 "큰일 났다"라며 한숨만 몰아쉬는 것이었습니다. 모페드를 타고 현장에 갔더니 불길은 걷잡을 수 없을 만큼 커져 있었고, 소방차는 쉴 새 없이 굵은 물줄기를 쏘아댔습니다. 거대한 불길이 잡히지 않은 상태에서 할 수 있는 것이 아무것도 없었고, 그저 애만 태울 뿐이었습니다. 간간이 배관이 터질 때마다 굉음과 함께 불길이 다시 한 번 치솟아 오르는 바람에 인근의 비상저수지까지 피신하기도 했습니다. 자정이 훨씬 지나서야 불길이 잡혔는데, 아마도 배관 속에 있던 기름이 완전히 타버린 다음이었을 것입니다.

새벽의 여명이 밝아올 무렵 현장에 도착하신 당시 CEO께서는 불이 난 현장을 침통하게 둘러보시다가 아무런 말씀도 없이 돌아서서 고개를 떨구셨습니다. 사고 원인을 조사하기 위해 많은 사람이 참여했지만, 최초 화재가 발생한 펌프의 밀폐계가 원인이라는 애매한 결론으로 매듭지어졌습니다.

결국 6개월 동안의 복구공사를 거쳐 이듬해 6월이 되어서야 가동에 들어갈 수 있었습니다. 펌프에서 스모그가 생겨 조임작업을 하다가 유증기가 새어 나오면서 최초 폭발이 있었다는 현장 이야기가 있었는데, 사고 조사가 미흡했다는 것이 나중의 평가였습니다.

사고의 원인을 찾아야 유사한 사고를 예방한다

1990년대 초반의 어느 일요일 오후, 집으로 놀러 온 처가 식구들과 점심을 먹은 다음 혼자 아파트 옥상에 올라가 담배를 꺼내 물었습니다. 그런데 멀리 석유화학공단 방향에서 새까만 연기가 올라오는 것이 문득 보였습니다. 무슨 연기인지 궁금해 유심히 보고 있노라니 불길이 보였습니다. 어느 회사일까 생각하고 있는데 불자동차 소리가 요란하게 들리면서 연신 회사 방향으로 가는 것이었습니다.

집으로 내려가니 아내가 회사에서 전화가 왔었다면서 빨리 회사로 가보라는 것이었습니다. 순간적으로 조금 전에 보았던 연기와 불이 나프타 분해공장에서 나오는 것이라는 생각이 들어 부리나케 회사로 향했습니다. 아니나 다를까 공장 정문은 바깥에서 들어오는 사람과 화재 현장으로 가는 사람들로 혼란스러운 상황이었습니다. 지나가는 포터를 얻어 타고 화재 현장으로 갔더니 볼 탱크에 불이 붙어 있었고, 화재를 진화하기 위해 많은 사람들이 정신없이 뛰어다니고 있었습니다.

지금은 외국인 공단이 된 부곡동 인근은 당시만 하더라도 꽤 큰 마을이었습니다. 마을 주택가가 불이 난 탱크 바로 맞은편에 위치하고 있어서, 일요일 오후에 집에서 쉬던 주민들이 밖으로 나와 걱정스러운 눈으로 화재 상황을 지켜보고 있었습니다. 그러다가 어느 순간 큰 폭발음이 나면서 화재 진압에 참여한 사람들이 바깥으로 피신하는 바람에 일대가 아수라장이 되었습니다.

화재 현장 가까이에서 지켜보던 사람들은 지나가는 차에 무조건 올라타고 대피하는 소동이 벌어졌습니다. 저도 얼떨결에 포터에 뛰어올랐는데, 화물차 짐칸에 빼곡히 자리 잡은 사람들은 숨을 죽이며 전쟁 중의 피난민처럼 망연자실할 수밖에 없었습니다. 그러다가 원유터미널 지역에 도착했을 때 원유운영팀 근무자들이 화재 현장 지역으로 향하기에 물어보니, 화재는 어느 정도 진압되었고 요청받은 자재를 전달하기 위해 간다는 것이었습니다. 그렇게 한숨을 돌리고 다시 화재 현장으로 갔더니 큰 불길은 잡혔지만 작은 불길은 군데군데 남아 있었던 기억이 납니다.

한참 지난 후 안전회의에서 사고 원인을 보고하고 향후 대책을 발표하는 것을 들었습니다. 정확히 기억나지 않지만, 탱크 속의 저장 물질과 다른 물질이 화학반응을 일으켜 혼합화학물질인 폴리머(polymer)가 생성되었고, 그것 때문에 탱크 밑바닥에 부착된 밸브가 떨어져나가면서 고압가스가 분출되어 화재가 발생한 사고였습니다. 사고의 원인이 명쾌하게 밝혀졌기 때문에 재발 방지 대책도 완벽하다고 생각했습니다.

SHE 본부에서 관리 시스템을 재정비하면서 가장 먼저 한 일이 바로 사고 조사와 관련된 것이었습니다. 사고 조사가 제때 이루어지지 않는 문제가 자체 감사를 통해 드러났고, 모든 사고를 기한 내에 보고하는 것을 우선적으로 제도화하기로 결정했습니다. 그런데 미국을 보니 화학공장의 사고 조사가 거의 1년 이상씩 걸리는 것이었습니다. 미국 화학사고조사위원회라는 기관이 주관하는 화학사고 조사는 우리가 보기에 원인이 명료한 것도 1년씩 걸립니다. 보고서를 읽어보면 그 이유를 알 수 있습니다. 사고가 일어난 직접적인 원인과 함께 왜 그렇게 했느냐는 근본적인 문제까지 조사하기 때문에 시간이 걸릴 수밖에 없습니다. 관계되는 모든 사람들을 직접 인터뷰하면서 조직문화까지 점검하기 때문에 그렇게 오랜 기간이 걸리는 것입니다. 우리도 몇 년 전부터 사고 조사를 할 때 근본 원인을 찾는 노력을 하고 있지만, 아직까지는 미국 화학사고조사위원회의 조사 수준에는 미치지 못하는 것 같습니다.

앞의 두 사고는 직접 원인은 찾았으나 이면에 숨어 있는 근본적인 원인까지는 밝혀내지 못했다고 생각합니다. 모든 사고의 시작과 끝은 반드시 사람 문제로 귀결됩니다. 설령 시스템에 문제가 있었다고 하더라도 시스템에서 생긴 문제의 원인을 제공하는 것은 바로 사람이기 때문입니다.

우리가 사고의 원인을 끝까지 밝혀내야 하는 이유와 목적은 바로 유사한 사고를 예방하기 위해서입니다.

어떤 문제든지 끝까지 풀어보지 않으면 결코 정답을 찾아낼 수가 없습니다.